Sabine Bösel · Roland Bösel

Leih mir dein Ohr und ich schenk dir mein Herz

Sabine Bösel • Roland Bösel

Leih mir dein Ohr und ich schenk dir mein Herz

Wege zu einer glücklichen Liebesbeziehung

unter der Mitarbeit von Daniela Pucher

Orac

Dieses Buch ist all jenen Paaren gewidmet,
die wir therapeutisch begleiten durften
und von denen wir so viel lernen konnten.

INHALT

Herzenssache — 9

1. Leih mir dein Ohr und ich schenk dir mein Herz — 11
Auf Entdeckungsreise im Land des anderen — 12
Der Dialog als Brücke zum Partner — 16
Worum es wirklich ging — 21
Was Sie tun können — 22

2. Wo die Liebe hinfällt — 25
Seelenverwandt — 26
Worum es wirklich ging — 33
Was Sie tun können — 35

3. Du bist so anders als ich — 38
Faszinierend, wie du bist — 39
Auf Sonnenschein folgt Regen — 40
Das verlorene Selbst — 41
Ein gutes Team – das verlorene Selbst wiederfinden — 45
Worum es wirklich ging — 48
Was Sie tun können — 50

4. Das dynamische Duett — 53
Minimierer und Maximierer – zwei gegensätzliche Temperamente — 54
Das eigentliche Thema — 60
Das Ziel — 61
Worum es wirklich ging — 63
Was Sie tun können — 65

5. Ein ehrlicher Blick auf dich selbst, bevor du deinem Mann ein Beziehungsbuch schenkst — 66
Die Beziehungsarbeit mache ja doch immer nur ich — 67
Ich hatte eine schwierige Kindheit — 69
Mein Mann hilft nicht im Haushalt — 71
Wer ist besser – er oder ich? — 71

Ich bin nicht schön genug	73
Sexuelle Übergriffe	74
Er will immer nur das eine	75
Männer wollen uns glücklich machen	76
Worum es wirklich ging	77
Was Sie tun können	79

6. Entdecke deine Gefühle um deiner selbst willen und deine Frau wird es dir danken — 81

Immer diese Gefühlsduselei	82
Wie der Vater, so der Sohn?	83
Ich mache es meiner Frau zuliebe	85
Erst wenn mir das Wasser bis zum Hals steht, lasse ich Hilfe zu	86
Stundenlang redet sie über dasselbe	87
Meine Kindheit war doch perfekt!	88
Meine Frau ist so mächtig	89
Vorsicht, das ist ein Test	90
Worum es wirklich ging	92
Was Sie tun können	92

7. Tausend Gründe, nicht miteinander zu reden — 94

Der Raum zwischen dir und mir	95
Ausweichmanöver	97
Auswege bewusst machen	100
Worum es wirklich ging	102
Was Sie tun können	104

8. Endlich versteht mich jemand — 106

Die Affäre – ein Zeichen, dass in der Beziehung etwas fehlt	107
Klären statt flüchten	108
Krisen als Motor von Entwicklungsprozessen	114
Worum es wirklich ging	115
Was Sie tun können	116

9. Deinetwegen möchte ich ein besserer Mensch werden — 120
Heißen Sie Konflikte willkommen — 121
90 : 10 – der Doppelpack — 121
Das doppelte Geschenk — 122
Verlernen und lernen – und Platz machen für Neues — 125
Worum es wirklich ging — 128
Was Sie tun können — 130

10. Ich hab meiner Frau erst letzten Sommer gesagt, dass ich sie liebe — 132
Liebe will gestaltet und entwickelt werden — 133
Die fünf Sprachen der Liebe — 137
Worum es wirklich ging — 142
Was Sie tun können — 144

11. Sex oder: das Einfachste auf der Welt — 145
Die einfachste Sache der Welt? — 146
Erotik und Sex — 147
Worum es wirklich ging — 159
Was Sie tun können — 161

12. Abschied statt Beziehungsabbruch — 165
Ein guter Abschied schafft eine Basis für Neues — 166
Schmerz ist eine heilende Form der Energie — 167
Der Abschiedsdialog — 168
Sich gemeinsam voneinander lösen — 172
Worum es wirklich ging — 175
Was Sie tun können — 176

13. Kinder bekommen, Haus gebaut, Baum gepflanzt – und nun? — 178
Es strebt der Mensch, solang er lebt — 179
Wie finde ich meine Paarvision? — 181
Hindernisse — 184
Worum es wirklich ging — 187
Was Sie tun können — 188

Danke — 191

HERZENSSACHE

Jedes Paar hat alles, was es braucht, um glücklich zu sein. Diese Überzeugung ist eines der wichtigsten Fundamente unserer Arbeit als Paartherapeuten. Heutzutage halten wir zu wenig Kontakt zueinander, investieren zu wenig Zeit, um einander wirklich in der nötigen Tiefe kennenzulernen. Viele glauben, die Liebe ist reine Glückssache!

Die wichtigste Entscheidung in unserem Leben war, dass wir trotz aller Hürden drangeblieben sind. Seit über 30 Jahren sind wir nun ein Paar, seit 20 Jahren begleiten wir Paare und seit etwa 10 Jahren integrieren wir die Imago-Methode in unsere Arbeit.

Wir fühlen uns mit Imago sehr verbunden, weil sie genau da ansetzt, wo wir in unserer Gesellschaft Nachholbedarf haben: bei der wertschätzenden und achtsamen Kommunikation in der Beziehung. Wir haben die Methoden und Übungen, die wir anbieten, selbst ausprobiert und können Ihnen sagen: Bleiben auch Sie dran, Sie können nur gewinnen; für sich selbst, für Ihre Beziehung und für Ihre Kinder.

Sie werden in diesem Buch nicht nur Szenen aus unserer eigenen Beziehung kennenlernen. Viele schwierige und schöne Liebesgeschichten aus dem Leben anderer sollen Ihnen zeigen, wie man Hindernisse beseitigen und die Liebe entfalten kann. Die Namen dieser Personen wurden von uns geändert – sollten Sie sich darin wiederfinden, so ist das Zufall und zeigt nur, dass Sie ganz bestimmt nicht allein sind mit Ihrem Problem.

Wertschätzung ist ein weiteres Fundament unseres Tuns. Wir finden es wunderbar, dass Sie sich die Zeit nehmen, um dieses Buch zu lesen, und dass Sie etwas für sich und Ihre Beziehung tun wollen. Wir laden Sie ein, sich selbst und den wichtigen Menschen in Ihrem Leben gegenüber wertschätzend zu sein. Das gilt ganz besonders Ihren Eltern gegenüber. Liebesbeziehungen haben viel mit unserer Geschichte und speziell unseren Eltern zu tun. Doch es geht nicht darum, sie für unser heutiges Tun und Handeln verantwortlich zu machen. Wenn wir in die Vergangenheit blicken, dann nur, um daraus zu lernen und zu wachsen.

Liebe Frauen und Männer, liebe Paare – ob hetero- oder homosexuell: Ihnen die Grundlagen für eine gelungene Beziehung und viele Anregungen dafür zu geben, ist unsere Herzenssache. Wir wünschen Ihnen gute Stunden mit diesem Buch und den Mut und die Beständigkeit, damit Sie Ihre Liebe in eine schöne und glückliche Zukunft führen können.

Sabine und Roland Bösel

1. LEIH MIR DEIN OHR UND ICH SCHENK DIR MEIN HERZ
Zu Besuch im Land des anderen

Ein langer, anstrengender Tag geht zu Ende. Sabine hat den ganzen Nachmittag mit den Kindern gelernt, war mit der Jüngsten beim Arzt und hat Besorgungen für den Kindergeburtstag am Wochenende gemacht. Nachdem die Kinder endlich im Bett sind, räumt sie noch die Küche auf und hofft, dass Roland bald nach Hause kommt.

Gegen 22 Uhr kommt Roland abgekämpft zur Tür herein und wirft seine Tasche in eine Ecke.

„Ich bin total fertig, das war heute einfach zu viel. Ich geh jetzt fernsehen."

„Was? Jetzt setzt du dich vor den Fernseher? Aber ich hätte dir doch so gern etwas von meinem Tag erzählt!"

„Ich bin total fertig, was soll ich jetzt noch reden?"

Beide setzen sich schließlich doch noch kurz zusammen, trinken ein Glas Wein und Sabine beginnt zu erzählen. Roland hört zu und gähnt dazwischen einige Male. Bald fällt ein Stichwort, das Roland veranlasst, von sich zu erzählen. Dabei kommt er so in Fahrt, dass er seinen ganzen Tagesablauf berichtet. Sabine, die noch gar nicht zu Ende erzählt hat, wird mit der Zeit immer unkonzentrierter.

„Ich hab gedacht, du willst fernsehen und jetzt erzählst du mir deine ganze Tagesgeschichte", sagt sie schließlich.

„Ich habe gedacht, du willst, dass wir reden."

„Ja schon, aber ich war noch gar nicht fertig und jetzt beginnst du, mir deine ganze Geschichte zu erzählen."

„Ich wollte eigentlich überhaupt nicht reden und habe mich trotzdem bemüht. Und jetzt will ich etwas erzählen und du hörst mir gar nicht zu!"

Roland geht in die Küche, holt sich ein Glas Wasser. „In der Küche liegen überall Brösel herum. Du weißt, ich mag das nicht."

„Jetzt reicht's mir aber! Zuerst willst du nicht mit mir reden, dann hörst du mir nicht zu, und jetzt wirfst du mir noch den Haushalt vor. Hast du nicht bemerkt, wie sauber die Wohnung ist? Und du kommst mit diesen paar Bröseln daher!"

„Und was ist mit dir? Ich komme vollkommen fertig nach Hause, möchte mich ein bisschen entspannen, und du musst reden. Ich rede ohnehin den ganzen Tag."

Auf Entdeckungsreise im Land des anderen

Pro Tag sprechen Paare meist nur zwei bis fünf Minuten über Persönliches, zeigt eine Studie. Die restliche Zeit beschränkt sich auf den Austausch diverser Informationen, auf Organisatorisches, Streit oder Machtkampf. Da darf es doch gar nicht verwundern, dass es so viele Scheidungen und Trennungen gibt! Dabei weiß man schon seit vielen Jahren Bescheid über die positive Wirkung des aktiven Zuhörens, des Sprechens in Ich-Botschaften oder des Kommunizierens mit Wertschätzung und Anerkennung dem anderen gegenüber. Für die berufliche Karriere setzt man schon lange auf solche Erkenntnisse aus der Kommunikationsforschung. Und in der Liebesbeziehung?

Karla und Friedrich sind ein Paar. Immer wenn sie ihn um etwas bat und er „ja, gleich" darauf sagte, gab es Streit. Der Grund: In Karlas Land heißt „ja, gleich" so viel wie „jetzt gleich, sofort", doch Friedrich kam nie gleich, um ihre Bitte zu erfüllen! Denn in Friedrichs Land hat „ja, gleich" eine andere Bedeutung. „Ich dachte, du weißt: Wenn ich das sage, dann ist das die höfliche Form von ,jetzt nicht'", sagte er in der Paartherapie. „Du kannst sicher sein, dass ich deine Bitte erfülle, aber erst, wenn es für mich gut passt." Zwei Länder, zwei Sitten also.

Es sind oft die vielen kleinen Querelen wie diese, die uns den Alltag trüben. Wie oft reagiert unsere Partnerin auf eine aus unserer Sicht harmlose Aussage seltsam oder übermäßig heftig, sodass wir uns immer wieder wundern. Doch selten kommt es so weit, dass wir die Hintergründe für ihre Reaktion erfahren. Und so wiederholen sich manche Situationen, ohne dass sie sich jemals auflösen. In manchen Fällen kann es sogar passieren, dass sich die Missverständnisse zu einem wahren Gebirge auftürmen, bis eine Krise unausweichlich ist.

Liebe ist kein Zustand, sondern eine Aktivität. Ob Sie Glück in der Liebe haben, müssen Sie nicht dem Zufall überlassen. Das können Sie selbst in die Hand nehmen, indem Sie aktiv Ihre Beziehung gestalten. Dazu gehört, sich auf den Partner wirklich einzulassen und zu versuchen, seine Welt zu verstehen. In diesem Buch werden Sie viele Anregungen dazu finden, an dieser Stelle bieten wir Ihnen eine der wichtigsten an: sich auf Entdeckungsreise ins Land Ihrer Partnerin bzw. Ihres Partners zu begeben.

Beziehungstourismus

Stellen Sie sich vor, Sie machen Urlaub in einem fremden Land. Was tun Sie? Sie werden versuchen, die Kultur, die Sprache, die Sitten in diesem Land kennenzulernen. Denn schließlich wollen Sie nicht Gefahr laufen, wie ein Elefant im Porzellanladen zu wirken oder gar mit dem Gesetz in Konflikt zu geraten. Wenn Sie in Ihrer Heimat ein Bonbonpapier achtlos auf den Boden werfen, werden Sie vielleicht nicht einmal schräg angesehen. Wenn Sie das in Singapur tun, droht Ihnen eine nicht unbedeutende Strafe. In einem anderen Land gelten eben andere Regeln.

So ähnlich ist es in Ihrer Beziehung. Ihre Partnerin hat in ihrem Leben andere Erfahrungen gemacht als Sie, sie hat andere Verhaltensweisen und Einstellungen zum Leben gelernt. Sie hatte andere Eltern, andere Bezugspersonen als Sie. Und so hat sich ihr Charakter geformt, der ganz typisch und individuell ist, so wie auch Ihr Charakter nur Ihnen eigen ist und sonst niemandem.

Wenn Sie im Land Ihres Partners, Ihrer Partnerin nicht wie der Elefant im Porzellanladen agieren wollen, dann gehen Sie doch auf Entdeckungsreise und lernen Sie Kultur, Sprache und Sitten kennen. Wie Karla und Friedrich uns gezeigt haben, ist es gar nicht selbstverständlich, dass jedes Wort und jedes Verhalten für alle Menschen die gleiche Bedeutung haben. Woran das liegt? Werfen wir einen Blick in die Geschichte der beiden:

Karla kam aus einer Familie, die immer viele Pläne schmiedete, doch niemand machte den ersten Schritt. Karla litt darunter, und so hat sie unbewusst beschlossen: Wenn ich erwachsen bin und wenn es etwas zu tun gibt, dann erledige ich das gleich.

In Friedrichs Familie wurde jeder Plan bis ins letzte Detail umgesetzt. Jedes Familienmitglied wurde eingespannt und so hatte er schon als Kind wenig freie Zeit und kaum Pausen für sich. Er sehnte sich danach, sich einfach einmal gehen zu lassen. Damals entdeckte er: Wenn er zu seiner Mutter „ja, gleich" sagte, dann konnte er sich zumindest eine kurze Atempause verschaffen. Dieses Verhalten hat er bis heute beibehalten.

Vorhang auf

Das Schwierige an Konflikten und Krisen ist nicht das Problem selbst, sondern dass wir die Verbindung zueinander unterbrechen. Wir wünschen uns, dass die andere Person endlich so wird, wie wir uns das wünschen, oder dass sie endlich aufhört, uns zu verletzen. Doch das bringt niemanden weiter. Solche Forderungen führen bloß dazu, dass die Kommunikation unterbrochen wird.

Stellen Sie sich vor, zwei Menschen sitzen sich gegenüber, doch sie haben einen Vorhang dazwischengezogen, der ihnen den Blick zueinander verwehrt. Sie könnten den Vorhang zur Seite schieben, um wieder in Verbindung zu kommen, doch sie tun es nicht. So passiert es bei Trennungen. Sie geschehen nicht, weil ein Partner mit dem anderen ein Problem hat, sondern weil beide die Verbindung zueinander verloren haben. Das ist die elementare Erkenntnis, die Sie weiterbringt: Leihen Sie einander das Ohr, auch wenn das manchmal gar nicht einfach ist.

Martina und Gregor besuchten einen Imago-Paarworkshop und ein paar Tage später eine Paartherapie. Sie hatten bereits einen Scheidungstermin vereinbart, wollten aber trotzdem herausfinden, warum alles so gelaufen war. Sie hatten drei Kinder und wollten die Trennung gut überstehen. Die Zeit bis zur Scheidung wollten sie nutzen, um sich gegenseitig zu besuchen oder – wie sie es sagten – konstruktive Gespräche zu führen.

Zu Beginn der Sitzung waren beide sehr angespannt, aufeinander wütend und verzweifelt. Wir baten sie, einen Dialog zu führen. Martina erzählte von ihrer großen Angst vor der Scheidung und davor, unfair behandelt zu werden. Gregor war zuerst genervt, doch er war schließlich bereit zuzuhören. Als Martina aus ihrer Kindheit erzählte, dass ihr Vater sie immer herabwürdigte und sie sich immer wie das fünfte Rad am Wagen fühlte, da hatte Gregor Tränen in den Augen, denn nun sah er seine Frau aus einer ganz anderen Perspektive. Die Verbindung war wiederhergestellt und in diesem Moment war das Thema Scheidung verschwunden.

Eine halbe Stunde später baten wir Martina, nun Gregor zuzuhören. Er erzählte von seiner Angst, von Martina vor die Tür gesetzt zu werden, wenn sie weiterhin immer nur stritten. Diese Situation erinnerte ihn an seine Kindheit, als er ins Internat musste, weil seine Eltern großen Streit hatten. Für ihn gab es keinen Platz in der Familie, und das empfand er auch jetzt. „Eigentlich will ich mich bei dir doch sicher fühlen und meinen Platz haben. Ich verstehe gar nicht, wie wir auf die Scheidung gekommen sind."

Das Land des anderen zu bereisen und immer wieder neu zu entdecken, erfordert ein gutes Maß an Aufmerksamkeit und Offenheit dafür, dass jederzeit etwas Überraschendes auftauchen kann. Auch wenn Sie schon 20 Jahre oder länger verheiratet sind, können Sie noch viel voneinander erfahren. Oft glauben wir, unsere Partnerin oder unseren Partner gut zu kennen. Umgekehrt sind wir der Meinung, der andere wisse doch, was wir brauchen, und zwar ohne dass wir ein Wort darüber verlieren müssten. Manche meinen sogar, es wäre ein Beweis mangelnder Liebe, wenn der Partner nicht von selbst weiß, was man sich wünscht. Doch das ist einer der größten Irrtümer.

Der Dialog als Brücke zum Partner

Im Alltag miteinander zu reden kann viele Gesichter haben. Manchmal hört man genauer zu, manchmal weniger genau, und bestimmt haben Sie sich schon einmal dabei ertappt, dass Sie den anderen reden ließen und dabei an etwas ganz anderes gedacht haben. Unsere Welt ist voller Kommunikation. Wir geben ständig Informationen von uns und empfangen ebenso viele. Und so denken wir: „Ach, ich höre jetzt gar nicht mehr zu, mir ist das schon zu viel!" Oder: „Wie oft muss ich das denn noch sagen?!"

Während unsere Partnerin uns etwas erzählt, überlegen wir beim Zuhören schon: Sehe ich das auch so? Welche Argumente kann ich dagegen bringen? Was kann ich antworten? Welche Geschichte aus meinem Leben fällt mir dazu ein? Wir sind also nur mit halbem Ohr dabei. Wir sind nicht bei ihr auf Besuch, sondern vielmehr im eigenen Land, das wir nach Antworten durchforsten. Und damit entgehen uns viele wichtige Informationen, die uns das Land unserer Partnerin näherbringen würden.

Besonders wenn wir in Not sind oder wenn es um ein schwieriges Thema geht, können wir nicht aufmerksam zuhören. Als Therapeuten bitten wir unsere Paare dann, sich gegenseitig ganz bewusst zu besuchen. Wir bieten ihnen dazu den Paardialog an. Ähnlich wie bei einem Besuch in einem fremden Land sorgt der Dialog für die nötige Offenheit und Wertschätzung, um einander näherzukommen. Der Dialog ist so konzipiert, dass immer nur einer spricht und der andere ausschließlich zuhört, ohne das Gehörte zu bewerten oder sich eine Antwort zu überlegen.

Zum Dialog einladen

Ihre Beziehung aktiv zu gestalten bedeutet, dass Sie sich immer wieder gegenseitig einladen: „Bitte leih mir doch für eine Viertelstunde dein Ohr, ich möchte dir etwas erzählen." Oder umgekehrt: „Du siehst so abgekämpft aus. Möchtest du mir nicht erzählen, wie dein Tag war?" Vielleicht denken Sie jetzt, dass Sie das ohnehin regelmäßig tun. Doch Hand aufs Herz: Wenn Ihre Partnerin dann erzählt, hören Sie wirklich zu? Oder lassen Sie sie eine Weile reden, nur um dann von sich selbst zu erzählen und nicht weiter auf ihre Geschichte einzugehen? Das ist natürlich möglich, doch seien Sie sich darüber klar, dass Sie dann nicht in ihrem Land auf Besuch waren. Sie haben von ihren Erlebnissen erfahren, aber nichts darüber, was sie dabei gefühlt hat und warum sie so und nicht anders reagiert hat.

Einen Dialog führen

Das Entscheidende am Paardialog ist, dass Reden, Zuhören, Verstehen und Mitfühlen voneinander getrennt werden. Wie schon erwähnt, sind das aktive Zuhören, das Sprechen in Ich-Botschaften, das Wertschätzen und Anerkennen die wichtigen Elemente der Kommunikation – im Paardialog sind all diese Elemente vereint.

Das Prinzip ist das Folgende: Beide Partner setzen sich gegenüber, möglichst auf Tuchfühlung, und blicken sich dabei in die Augen. Es wird vereinbart, dass zuerst die eine Person spricht und die andere nur zuhört, danach kann gewechselt werden. Die Person, die spricht, erzählt: von einem Ereignis, einem Problem, einem Ärgernis, einem erfreulichen Erlebnis oder was auch immer gerade ansteht. Als Gastgeberin in ihrem

Land sorgt sie dafür, dass ihr Gegenüber alles gut aufnehmen und verstehen kann. Die Person, die zuhört, ist aufmerksame Besucherin. Ihre Aufgabe ist zuzuhören und zu „spiegeln", also das Gehörte möglichst genau zu wiederholen.

Der Vorteil dieses Trennens von Reden und Hören liegt darin, dass man nicht ständig den Kanal wechseln muss. Die zuhörende Person braucht nur auf Empfang zu schalten, die sprechende Person ausschließlich auf Senden. Das ist entlastend, denn auf diese Art muss man sich immer nur um eine einzige Sache kümmern.

Das heißt nicht, dass beide einen Freibrief haben. Die Person, die spricht, darf deshalb nicht der anderen Person alles radikal um die Ohren schlagen. Sie muss sich bewusst sein, dass sie Gastgeberin ist und sich einer Sprache bedient, die der Gast verstehen und annehmen kann. Die Person wiederum, die zuhört, sollte all ihre Weisheiten, Interpretationen, Ideen und Nöte bei sich behalten. Sie soll sich bewusst sein, dass sie Gast ist in einem anderen Land, in dem sie andere Kulturen und Sitten kennenlernen kann, sich vielleicht etwas davon abschauen will und Vorurteile abbauen kann.

Bewusste Paardialoge zu führen erfordert ein wenig Übung – und wenn es sich um schwierige Themen handelt, zum Beispiel wenn Sie streiten oder gar in einer ernsten Beziehungskrise stecken, wird Ihnen ein Dialog vermutlich nur mit Hilfe geschulter Therapeuten gelingen. Wir haben am Ende dieses Kapitels ein paar Übungen für Sie bereitgestellt, mit denen Sie den Dialog versuchen können.

Die Kraft des Dialogs

Ein ganz wesentliches Element des Imago-Paardialogs ist das aktive Zuhören, indem man möglichst genau wiederholt, was der andere gesagt hat. Wenn Sie zu Ihrer Frau sagen: „Ich bin so frustriert, dass du jetzt für drei Tage verreisen musst", und Ihre Frau sagt: „Ich höre, du sagst, dass du frustriert bist, weil ich für drei Tage verreisen muss", dann hat sie Sie ganz wunderbar gespiegelt.

Vielleicht denken Sie sich, dass das ziemlich seltsam ist, so zu reden. Vermutlich geht es jedem zunächst so, wenn er das erste Mal das Prinzip des aktiven Zuhörens erfährt. Wenn Sie Ihren Mann fragen: „Liebling, wo hast du denn unser Auto geparkt?", dann wäre es wirklich höchst seltsam, wenn Ihr Mann Sie spiegelte: „Ich höre, du fragst, wo ich unser Auto geparkt habe. Habe ich dich gehört?" Eine solche Gesprächssituation erfordert eine klare und einfache Antwort und sonst nichts.

Doch wenn Sie für ein wichtiges Thema Platz schaffen wollen, dann ist das Spiegeln ein wunderbares Werkzeug für mehr Verständnis und Verbundenheit. Warum das so ist, erklärt uns die Hirnforschung. Man hat herausgefunden, dass sich jemand, der gespiegelt wird, viel besser entspannen kann. Es gibt Sicherheit und schafft ein Stück Vertrauen, sodass man bereit ist, sich tiefer auf ein Thema einzulassen.

Verena und Peter kamen zu uns in die Praxis. Peter hatte ein schweres Burn-out-Syndrom. Er war Geschäftsführer eines großen Unternehmens und meinte, es wäre gut, eine Paartherapie zu machen, weil ein ganzer Workshop würde zu viel Zeit beanspruchen, die er nicht hat. In der Sitzung baten wir Verena, ihn zu spiegeln. Peter protestierte. „Dazu ist mir die Zeit zu kostbar", sagte er. „Außerdem bezahle ich hier ein Honorar. Das bringt mir doch nichts, wenn ich wiederholt bekomme, was ich sage!"

Schließlich willigte er dann doch ein und Verena spiegelte, was sie gehört hatte, und blickte ihm dabei fest in die Augen. „Habe ich dich gehört?", fragte sie abschließend. „Du hast sehr viel gehört", sagte Peter. „Was ich auch noch gesagt habe, ist, dass ich das Gefühl habe, mir verrinne die Zeit zwischen den Fingern und vor lauter Arbeit bleibe nichts mehr übrig für mich. Ich funktioniere nur mehr." Verena spiegelte seine Worte wieder, und plötzlich bekam Peter ganz große Augen. „Ich weiß nicht warum, aber ich spüre jetzt eine ganz große Trauer und habe Angst, sie wirklich zu fühlen." Verena spiegelte. „Du hast mich gut gehört", sagte Peter danach, „und jetzt, wenn ich das sage, kommt auch noch Scham." Dann schwieg er eine Weile. Und plötzlich rannen Tränen über seine Wangen. „Ich weiß jetzt gar nicht, warum ich weine", sagte er, „aber es tut gut. Ich habe 30 Jahre nicht geweint."

Wochen später erzählte uns Peter, dass nur durch Verenas aufmerksames Zuhören die Sicherheit entstand, die er brauchte. Nur so konnte er seine tiefsten Gefühle auspacken. Peter war so beeindruckt von der starken Wirkung des Spiegelns, dass er diese Technik sogar in seinem Unternehmen einführte.

Das Ziel ist der gemeinsame Ertrag

Wenn zwei sich uneinig sind, denkt man meistens an einen Kompromiss als bestmöglichen Ausgang. Ein Kompromiss erfordert jedoch, dass beide von ihrer Idee etwas abgeben müssen. Wir finden es daher wichtig, einen gemeinsamen Ertrag zu finden, der niemandem etwas wegnimmt, sondern im Gegenteil beiden etwas Neues ermöglicht.

Stellen Sie sich zwei dicke Seile vor, die miteinander verknotet werden. Schneiden wir diesen Knoten durch, bleiben auf jeden Fall Stücke übrig, die weder an dem einen noch an dem anderen Seil hängen. Sie sind verloren. So ist es bei einem Kompromiss. Wenn ein Paar in einer Krisensituation zu uns kommt und meint, eine rasche Trennung wäre das Beste für sie, dann ist es genauso wie bei dem zerschnittenen Knoten. Beiden ist etwas abhandengekommen und beide halten einen Teil in der Hand, der nicht zu ihrem Stück Seil gehört. Wenn das Paar stattdessen in Kontakt miteinander tritt und Dialoge startet, dann ist es so, als ob dieser Knoten vorsichtig gelöst würde, sodass die beiden Seile ganz bleiben. Und dann können beide immer noch entscheiden, wie es in ihrem Leben weitergehen soll.

Worum es wirklich ging

Die Szene am Anfang dieses Kapitels beschreibt deutlich, was passiert, wenn zwei Partner aus verschiedenen Ländern kommen. Sabine kommt aus dem Land der Mehrfachbelastung: Beruf, Kinder, Haushalt. Roland kommt aus dem Land des vielbeschäftigten Therapeuten, der seine Kinder nur in der Mittagspause zu sehen bekommen hat.

„Als wir uns am Abend trafen, war jeder noch ganz in seinem Land gefangen. Nur weil wir als Therapeuten wissen, wie wichtig es ist, einander zuzuhören, bemühten wir uns beide. Doch wir waren müde und unkonzentriert. Es gelang uns nicht, das Land des anderen zu besuchen."

Dann fielen die ersten Reizworte: „Du hörst mir nicht zu!" Und das Nörgeln wegen ein paar Bröseln brachte das Fass dann zum Überlaufen – im Grunde genommen eine typische Situation, wie sowohl Sabine als auch Roland sie schon von daheim kennen, denn da wurde das Zuhören nicht wirklich großgeschrieben. In Sabines Familie wurde Wichtiges gerne unter den Teppich gekehrt oder nur dann besprochen, wenn die Betreffenden abwesend waren. In Rolands Familie wurde vor allem über den Familienbetrieb gesprochen. Persönliches hatte wenig Platz.

„Wir hätten eine Vereinbarung treffen müssen, wann wer wem zuhört", sagt Roland. „Und ich hätte sagen können: ‚Liebe Sabine, ich bin zwar müde, doch ich sehe, dass es dir wichtig ist, mir etwas zu erzählen. Ich habe einen Vorschlag. Wir nehmen uns eine halbe Stunde Zeit, in der du mir alles erzählst und ich aufmerksam zuhöre. Und morgen Abend machen wir es umgekehrt, da darf ich dir etwas erzählen und du hörst mir zu.' Das hätte uns geholfen, aufmerksam zu sein. Wir hätten einander besser verstehen können und hätten beide profitiert. So haben wir unseren arbeitsreichen Tag noch mit einem Streit beendet, der uns noch mehr Energie gekostet hat."

Was Sie tun können

⊙ Versuchen Sie einen Mini-Dialog. Laden Sie Ihre Partnerin, Ihren Partner ein, ein Experiment zu machen. Nehmen Sie sich zwei Stühle, setzen Sie sich gegenüber, ohne einen Tisch oder sonst etwas dazwischen zu haben. Nehmen Sie eine offene Körperhaltung ein, also keine verschränkten Arme, und halten Sie Augenkontakt.

Nehmen Sie eine Eieruhr – jeder darf fünf Minuten reden, während der andere zuhört. Vereinbaren Sie, wer als Erster spricht und wählen Sie zunächst ein einfaches Thema, zum Beispiel: Ich habe in der U-Bahn einen alten Mann gesehen, der mich ganz traurig gemacht hat. Oder: Ich habe heute Nacht einen lustigen Traum gehabt. Oder: Ich habe gestern einen Film gesehen, der mich tief berührt hat. Das sind alles Themen, die für den Anfang nicht zu anspruchsvoll sind, sodass Sie bei Ihrem ersten Dialog erfolgreich sein können.

Vereinbaren Sie, dass jeweils ein Satz gesprochen wird, den der andere dann spiegelt, immer beginnend mit „Ich höre, du sagst ..." und endend mit „Habe ich dich gehört?". Wenn sich der Sender gehört fühlt, sagt er: „Ja, du hast mich gehört." Fehlt etwas Wichtiges, sagen Sie: „Du hast sehr viel gehört, was mir auch noch wichtig ist, dass du hörst, ist ...", und das Fehlende wird dann auch gespiegelt. Nach fünf Minuten machen Sie einen Wechsel, ganz gleich, wo sie gelandet sind.

Nach den zweimal fünf Minuten sagt jeder von Ihnen beiden: „Meine wichtigste Erkenntnis aus diesem Gespräch mit dir ist ..." Die Erkenntnis sollte etwas Konstruktives darstellen und nichts Negatives. Auch diese Erkenntnisse spiegelt der jeweils andere.

Abschließend drückt jeder dem anderen seine Wertschätzung aus, wie zum Beispiel: „Mir hat so gutgetan, dass du mir mit offenen, liebevollen Augen zugehört hast." Oder: „Mir hat so gutgetan, dass du mir dein Erlebnis aus der U-Bahn erzählt hast

und mir mitgeteilt hast, wie sehr dich das berührt hat, und dass du mir deine Tränen gezeigt hast."
Lassen Sie diese beiden Mini-Dialoge mindestens eine Stunde wirken, bevor Sie wieder das Gespräch darüber suchen.

⊙ Eine Krise ist oft die Folge von zu lange zugedeckten wichtigen Themen zwischen zwei vertrauten Menschen. Suchen Sie sich eine Imago-Therapeutin oder einen -Therapeuten Ihres Vertrauens und haben Sie vor allem Geduld. Die Dinge haben lange gebraucht, um unter dem Teppich zu landen, es braucht auch einige Zeit, sie hervorzukehren und gut aufzulösen.

⊙ Kommen Sie sich selbst auf die Spur. Nehmen Sie wieder zwei Stühle und bereiten Sie alles so vor, wie unter dem Punkt „Mini-Dialog" beschrieben. Stellen Sie die Uhr auf 30 Minuten und laden Sie Ihre Partnerin bzw. Ihren Partner ein, zu Ihnen auf Besuch zu kommen. Wählen Sie ein Thema, das Sie in letzter Zeit beschäftigt, unabhängig davon, ob es mit Ihrer Partnerin, Ihrem Partner zusammenhängt oder nicht.
Anstatt das Problem genau zu beschreiben, zählen Sie in den 30 Minuten die Möglichkeiten auf, wie das Thema, das Sie aktuell haben, mit Ihrer Geschichte, Kindheit oder Jugend zusammenhängen könnte. Selbst wenn Sie am Anfang keine Ideen dazu haben, gönnen Sie sich diese 30 Minuten. Als Partnerin, die auf Besuch kommt, ist es wichtig, offen zu bleiben. Selbst wenn Sie etwas hören, was Sie überhaupt nicht verstehen, spiegeln Sie trotzdem liebevoll und ohne weiteren Kommentar.
Beenden Sie den Dialog genauso wie oben beschrieben.

⊙ Oft bekommen wir von unserem Partner Anerkennungen oder Wertschätzungen und hören sie nicht. Deshalb schlagen wir Ihnen folgende Übung vor:
Vereinbaren Sie für sieben aufeinanderfolgende Tage, dass Sie jeweils dem anderen täglich eine Anerkennung oder Wertschät-

zung entgegenbringen, also eine Aussage machen über etwas, was der andere getan hat oder wie der andere ist. Machen Sie das nicht zwischen Tür und Angel, sondern so, dass der andere Ihre Worte wirklich gut hören kann. Bitten Sie Ihre Partnerin bzw. Ihren Partner, die Anerkennung oder Wertschätzung auch zu spiegeln.

Sagen Sie eine Anerkennung unabhängig von der Tagessituation, also auch, wenn Sie gerade nicht im Einklang miteinander stehen. Und falls es Ihr Partner einmal vergessen hat, geben Sie ihm die Chance, das Versäumnis am nächsten Tag mit einer zweiten Anerkennung wiedergutzumachen.

2. WO DIE LIEBE HINFÄLLT
Mein Partner ist auf jeden Fall der Richtige

Es ist dämmrig im Wohnzimmer. Sabine knipst die Schreibtischlampe an und packt Unterlagen in eine große Umhängetasche. Als sie sich auf den Weg machen will, kommt Roland ins Zimmer. „Wann kommst du heute nach Hause?", fragt er.

Sabine verdreht die Augen. „Weiß nicht", sagt sie und hängt sich die Tasche über die Schulter.

„Geht das jetzt schon wieder los! Immer sagst du, du weißt es nicht. Ich möchte aber wissen, wann du nach Hause kommst!"

„Wir haben zu arbeiten und …"

„Wenn ich das schon höre!", unterbricht Roland. „Das letzte Mal habt ihr doch nur ewig lange getratscht. Von wegen arbeiten!"

„Ja, wir haben getratscht, doch davor haben wir gearbeitet. Ich lass mir von dir doch nicht meine Therapieausbildung vermiesen! Ich geh jetzt!"

„Du bleibst da und wir reden!"

Sabine stellt ihre Tasche wieder auf den Schreibtisch und schüttelt den Kopf. „Du bist wie meine Mutter. Ich lass mich nicht einsperren! Ich habe den ganzen Tag viel gearbeitet."

„Gearbeitet? Was heißt da gearbeitet! Ich weiß, was Arbeit ist. Ich bin seit vier Uhr früh auf den Beinen und jetzt ist es sieben am Abend und ich bin sehr müde. Zuerst war ich in der Wurstproduktion, dann in St. Marx einkaufen und am Nachmittag im Geschäft an der Kasse! Und was machst du? Am Schreibtisch sitzen! Und jetzt willst du dich noch amüsieren!" Roland ist fassungslos und wütend. Er will, dass Sabine heute Abend zu Hause bleibt. Doch Sabine schweigt und wühlt in ihrer Tasche, ohne etwas Bestimmtes zu suchen. Sie ist zornig und will nichts als nur schnell weg von hier.

„Ich gehe jetzt!", sagt sie und lässt die Tür hinter sich ins Schloss fallen.

Roland bleibt aufgewühlt zurück und stürzt sich dann in die Arbeit. Das hilft ihm, sich abzulenken, denn ihn quälen ganz schlimme Gedanken: dass Sabine sich gar nicht nur mit Kolleginnen trifft. Denn neulich hat sie doch ein Mann nach Hause begleitet, ein recht sympathischer noch dazu!

Während Sabine mit ihren Freundinnen nach getaner Arbeit noch über ihren Streit mit Roland spricht, liegt Roland im Bett und kann nicht einschlafen. Wie Gift frisst sich die Angst in seine Gedanken, dass Sabine ihn nicht liebt.

Sehr spät kommt Sabine nach Hause. Müde und abgekämpft geht sie ins Badezimmer und schlüpft schließlich in ihr Bett.

„Sag, wo warst du so lange!", platzt es aus Roland heraus.

Sabine schweigt. Doch Roland lässt nicht locker, und so diskutieren und streiten sie bis in die Morgenstunden, fallen sich schließlich doch noch in die Arme und schlafen miteinander ein.

Seelenverwandt

Jede Beziehung, die länger als sechs Monate dauert, lässt auf eine tiefe Seelenverwandtschaft schließen. Es ist kein Zufall, wen wir uns als Partner auswählen: Es ist etwas Vertrautes an ihm, etwas, das uns bekannt vorkommt – auch wenn wir das nur unbewusst wahrnehmen. Gerade in der Phase der ersten Verliebtheit kennen wir Aussagen wie: „Es ist, als ob wir uns schon ewig kennen." Oder: „Du bist mir irgendwie so vertraut!"

Diese Person konfrontiert uns mit dem Schönen aus unserem bisherigen Leben, und ganz besonders in den ersten Monaten des Kennen- und Liebenlernens sind wir begeistert von dieser besonderen Verbindung, in der wir so viele schöne, aufregende und gleichzeitig geborgene Momente erleben können. Doch sie konfrontiert uns auch mit dem Schmerzvollen. Mit ihr können wir nie geahntes Glück erleben, sie kann uns aber auch zutiefst verletzen. Das erfahren wir, wenn das Verliebtsein in die nächste Phase der Beziehung übergeht, in der die Schmetterlinge im Bauch abklingen und uns der Alltag packt. Dann können erste schwierige Situationen auftauchen, Konflikte ausbrechen oder gar Machtkämpfe entstehen. Das ist anstrengend, und wenn es uns zu viel wird, greifen wir zum erstbesten Mittel: Wir lösen das Problem, indem wir uns trennen. Dann heißt es: „Er hat mich so verletzt, mit so einem Menschen möchte ich nicht mehr zusammenleben." Oder: „Sie ist mir so fremd geworden." Oder: „Wir haben uns auseinandergelebt."

Eine Trennung ist im ersten Moment natürlich eine Erleichterung, weil die Streitigkeiten aufhören und man endlich wieder durchatmen kann. Monate später allerdings stellen wir fest, dass die Schwierigkeiten nur ein Teil der ganzen Partnerschaft waren und wir uns von einem Menschen getrennt haben, der uns so vertraut war. Vielleicht sind wir wieder in einer neuen Beziehung und stellen frustriert fest, dass sich die gleichen Probleme wieder zeigen; wir haben nur die Person ausgetauscht, aber das Problem behalten!

Spieglein, Spieglein an der Wand

Die Bindung zu der Person, die Sie sich als Partnerin, als Partner ausgesucht haben, ist kein Zufall und sie ist tiefer, als Sie auf den ersten Blick erkennen können. Ihr Unterbewusstsein sorgt dafür, dass Sie sich in jemanden verlieben, der Ihnen nicht nur optisch gefällt, sondern der auch mit Ihrem Seelenleben kompatibel ist. Ihre Seele ist das Ergebnis all Ihrer positiven und negativen Lebenserfahrungen. Die Person, in die Sie sich verlieben, hat vielleicht andere Erfahrungen gemacht, doch diese haben sie zu denselben Lebensthemen geführt. Nach diesem Kriterium wählt Ihr Unterbewusstsein immer, daher ist die Wahrscheinlichkeit groß, dass Sie bei einem Partnerwechsel wieder mit denselben Problemen konfrontiert werden. Ein Beispiel:

Lena kam zu uns in die Einzeltherapie, weil ihr Mann Kurt und sie sich nach zwei Jahren Ehe und der Geburt einer Tochter auseinandergelebt hatten. Nachdem Kurt sie bei einer der immer häufigeren Auseinandersetzungen ins Gesicht schlug, war für Lena der Bogen überspannt. In der Therapiesitzung erzählte sie: „Ich wurde als Kind von meiner Mutter geschlagen und will sicher nicht mit einem Mann zusammenleben, der mich auch schlägt." Lena und Kurt trennten sich.

Ein halbes Jahr später, Lena kam weiterhin in die Therapie, verliebte sie sich in Fabian. „Er ist ganz anders", schwärmte sie, „er ist wie ein Lamm, so gutherzig." Acht Monate später war die große Verliebtheit vorüber, erste Konflikte tauchten auf und bei einem Streit schlug Fabian Lena. Was sagt uns das? Eines von Lenas Lebensthemen ist offensichtlich die Gewalt. Sie wurde von ihrer Mutter geschlagen, gedemütigt und sogar in den Keller gesperrt. Und als Erwachsene sucht sie sich schon zum zweiten Mal einen Mann aus, bei dem Gewalt ebenfalls ein Thema ist. Und auch Kurt und Fabian hatten in ihrer Kindheit Erfahrung mit Schlägen oder Handgreiflichkeiten.

Lena trennte sich von Fabian. „Jetzt habe ich genug von den Männern", sagte sie und blieb für die nächsten zwei Jahre solo. Dann kam Jakob. Auch in dieser Beziehung gab es Konflikte, doch sie konnten gelöst werden und es kam zu keinen Gewaltaktionen. Lena wurde wieder schwanger und sie bekamen eine gemeinsame Tochter, für Lena das zweite, für Jakob das erste Kind. Als das Töchterchen ein halbes Jahr alt war, kam es erneut zu einem Konflikt. Lena beschuldigte Jakob, die gemeinsame Tochter gegenüber Lenas erstem Kind zu bevorzugen. Jakob schwieg daraufhin einige Tage, was Lena so wütend machte, dass sie ihn anschrie und – weil sie sich nicht anders zu helfen wusste – auf Jakob einschlug.

Mit schrecklichen Schamgefühlen kam sie in die Therapiestunde. „So muss sich meine Mutter auch gefühlt haben", sagte sie. „Ich muss dieses Thema mit meiner Mutter auflösen, denn sonst werde ich das immer mit mir herumschleppen!" Lenas Mutter weigerte sich, in die Therapie mitzukommen, und so entschieden sich Lena und Jakob für eine Paartherapie. Beide konnten das Thema Gewalt auflösen – denn auch für Jakob waren solche Übergriffe nichts Fremdes, wie sich herausstellte! Noch heute, nach über zehn Jahren, schreiben sie uns ab und zu, wie glücklich sie sind, dieses schwierige Lebensthema aufgearbeitet und abgeschlossen zu haben. Sie streiten manchmal, doch können sie dabei konstruktiv miteinander umgehen.

Wir können vor unseren problematischen Lebensthemen nicht davonlaufen. Auch wenn es im Moment des Konflikts so naheliegend und erleichternd scheint, sich zu trennen: Wir plädieren, zuerst in den Dialog zu treten und erst dann weitere Entscheidungen zu treffen.

Märchenprinz und Traumfrau

Die Seelenverwandtschaft zeigt sich darin, dass wir in der Kindheit zwar verschiedene Erfahrungen, jedoch ähnliche positive und negative Gefühle gespeichert haben. „Warum sucht man sich denn nicht jemanden aus, der ausschließlich nur die positiven Anteile der Kindheit repräsentiert?", werden wir immer wieder gefragt. Nun, das tun wir in gewisser Weise auch. Beim Kennenlernen, in der großen Verliebtheit, da sehen wir in erster Linie die positiven Dinge. Da glauben wir an den Märchenprinzen oder die Traumfrau. Wir zeigen uns gerne von unserer Schokoladenseite. Negatives Verhalten wird ausgeblendet oder zumindest nicht als solches wahrgenommen.

„Ich habe zwar gesehen, dass sie kratzbürstig war", sagte einer unserer Klienten einmal, „doch ich habe so viele schöne Seiten von ihr kennengelernt, dass mich das gar nicht gestört hat. Heute stört mich diese Eigenschaft an ihr und ich frage mich, wieso ich mich damals auf diese Frau eingelassen habe. Rückblickend kann ich sagen, dass die positiven Kräfte so stark waren, dass ich mich verliebt habe mit dem Hintergedanken, sie möge ihre Kratzbürstigkeit hoffentlich verlieren."

„Wir Menschen wären schon ausgestorben, gäbe es die Verliebtheit nicht, in der wir alle eine rosa Brille aufhaben", sagte einmal unsere Imago-Ausbildnerin Hedy Schleifer. Würden wir von Beginn an auch die unangenehmen, problematischen Seiten sehen, wäre es schwierig, sich zu verlieben.

Zu jeder Geschichte gehören zwei Seiten. An den positiven Gemeinsamkeiten stoßen wir uns nicht. Die negativen Lebensthemen sind es, mit denen wir hadern, die uns Energie rauben und uns das Leben schwer machen. Negative Erlebnisse aus der Kindheit haben wir meist verdrängt oder vergessen und es ist uns unangenehm, wenn uns unser Partner mit seinem Verhalten einen Spiegel vorhält.

Der Zebra-Effekt

Für uns Menschen sehen Zebras alle gleich aus: wie ein Pferd mit Streifen. Ein Zebrababy jedoch erkennt genau den Unterschied zwischen dem Streifenfell seiner Mutter und dem der anderen Zebras. Warum? Weil es im Leben eines kleinen Zebras überlebensnotwendig ist, sofort die Mama zu finden. Denn nur sie gibt Schutz, nur sie lässt ihr Junges trinken, nur sie riskiert ihr Leben, wenn ein Löwe angreift. Das Zebrababy hat also einen Strichcode gespeichert, nach dem es andere Zebras scannt.

So ähnlich geht es uns Menschen, wenn wir aufwachsen. Je nachdem wie wir genährt, erzogen und sozialisiert werden, prägt sich ein ganz bestimmtes Muster, eine Art Strichcode in unserem Gehirn ein. Er setzt sich aus vielen Erfahrungen zusammen: die Art, wie wir von unseren Bezugspersonen geliebt oder auch vernachlässigt und verletzt wurden. Jeder Strich dieses Codes ist quasi eine Erfahrung. Und später fühlen wir uns unbewusst zu jenen Menschen hingezogen, die einen ähnlichen Strichcode mitbringen. Ist die Übereinstimmung groß genug, dann wird Liebe daraus. Ist sie zu gering, dann wird die Beziehung nicht über die ersten sechs Monate der Verliebtheit hinausgehen.

Die Natur des Menschen verlangt, dass wir wachsen und uns weiterentwickeln, dass wir Dinge neu entdecken und unser Verhalten bei Bedarf verändern. Das gelingt nur dank des Prinzips des übereinstimmenden Strichcodes. Denn es sind die negativen Atmosphären, Erfahrungen und Verletzungen, die aufgelöst und geheilt werden wollen. Sie sind in uns gespeichert und nur in der Begegnung mit anderen können wir sie uns bewusst machen – und nur Bewusstes kann verändert werden.

Die richtigen Knöpfe drücken

„You cannot heal what you do not feel" heißt es, und deshalb ist unsere Partnerin, unser Partner die ideale Person, die uns beim Lernen und Entwickeln helfen kann. Von allen Menschen in unserem Umfeld kann sie es besonders gut, unseren wunden Punkt zu finden, sodass diese alten Verletzungen und negativen Erfahrungen an die Oberfläche treten und fühlbar werden.

Wir müssten unserer Partnerin eigentlich dankbar sein, dass sie die richtigen Knöpfe bei uns findet. Sie drückt und wir springen an – und drücken damit gleichzeitig einen Knopf bei ihr. Wer sich an dieser Stelle nun scheiden lässt, vergibt sich meistens viele Chancen. Wer sich stattdessen zusammensetzt und die Hintergründe aufspürt, hilft sich gegenseitig beim Heilen.

Maria und Toni waren bei uns in der Paartherapie. Maria war frustriert, weil Toni oft schlechte Stimmung erzeugte. „Ich freue mich den ganzen Tag auf den gemeinsamen Abend. Dann kommt er nach Hause, ist schlecht gelaunt, und alles dreht sich um seine Ängste und Wehwehchen. Das ist doch wirklich nicht sehr erotisch, oder?" Ein anschließender Imago-Dialog machte es Toni möglich zu verstehen, was in Maria vorging. Maria erzählte ihm, wie sehr sie darunter gelitten hatte, dass ihre Mutter immer so viel negative Stimmung machte. Für die kleine Maria war das Daheimsein immer mit gedrückter Stimmung verbunden.

Wenn nun Toni von der Arbeit heimkommt und schlechte Laune verbreitet, dann drückt er bei Maria den „richtigen Knopf". Hätte Maria keine solche Vorerfahrung, würde sie viel gelassener mit Tonis Verhalten umgehen. Sie hätte es auch humorvoll sehen und zur Tagesordnung übergehen können. Stattdessen reagierte sie und die Konflikte nahmen ihren Lauf.

Akzeptieren Sie die Kraft der Seelenverwandtschaft

Die tiefe Kraft der Seelenverwandtschaft hilft Ihnen, Ihren Strichcode zu entschlüsseln, gemeinsam zu betrachten und Schritt für Schritt aufzulösen. Das ist natürlich keine Garantie, doch es ist langfristig ein effizienter Weg, wie Sie Ihre wiederkehrenden Probleme bewältigen können. Ein Mann sagte einmal nach einer Paartherapie zu seiner Frau: „Jetzt, wo ich die Freiheit erlangt habe, mich von dir zu trennen, weil mir alles bewusst und klar geworden ist, habe ich auch die Freiheit, mit dir zusammenzubleiben. Jetzt kann ich eine neue Erfahrung mit dir machen und muss mein altes Muster nicht mehr wiederholen."

Bleiben Sie dran, auch wenn Ihre Konflikte groß sind. Tun Sie es sich selbst, Ihrem Partner und Ihren Kindern zuliebe. So viele Söhne und Töchter hätten sich gewünscht, dass ihre Eltern einmal bewusst auf die Beziehung geblickt hätten! Einer unserer Klienten sagte einmal: „Heute bin ich froh, dass sich meine Eltern getrennt haben. Ich glaube, es wäre einfach nicht mehr möglich gewesen, dass sie eine Verbindung schaffen. Doch wenn sie bereit gewesen wären, noch einmal gemeinsam hinzusehen, ihre Themen aufzuarbeiten, zu überlegen, was jeder beigetragen hat, dass es zur Trennung kommen musste, sich gegenseitig zu verzeihen, dann weiß ich, wäre mein Leben anders und glücklicher verlaufen."

Worum es wirklich ging

Sabine und Roland führen in der Szene zu Beginn des Kapitels einen Machtkampf: Sabines Ziel ist die Freiheit, sie will sich nicht von Roland einsperren lassen. Nur so hat sie das Gefühl, sich entfalten zu können. Weil er das nicht einsehen will, geht sie einfach und lässt ihn mit seinem Groll und seinem Unglück zurück.

Roland kämpft auch, und zwar jedes Mal, wenn Sabine weggeht. Sein Ziel ist, Sabine in seiner Nähe zu haben, denn nur in der Nähe von geliebten Menschen kann er Energie tanken. Er macht ihr Vorhaltungen, bezichtigt sie der Untreue und weigert sich, ihre Arbeit als solche anzuerkennen.

Liebe Leserin und lieber Leser, Sie werden sich jetzt denken: Das kann nicht gut gehen, denn das sind zwei ganz gegensätzliche Ziele, die die beiden haben. Die eine braucht die Freiheit, der andere die Nähe. Nun, die Beziehung von Sabine und Roland war tatsächlich eine Zeit lang eine Berg-und-Tal-Fahrt. Letztlich haben sie sich jedoch die Hintergründe ihres Verhaltens genau angesehen und festgestellt: Sie verbindet in Wahrheit eine tiefe Seelenverwandtschaft!

„Ich war ein übermäßig behütetes Kind", erzählt Sabine, „und das wohl deshalb, weil vor meiner Geburt etwas wirklich Schreckliches passiert ist. Meine Schwester Ursula stürzte aus dem Fenster unserer Wohnung und starb." Als Sabine dann über ein Jahr später zur Welt kam, waren alle umso glücklicher. „Und dann kamst du, und alles war wieder gut", sagte einmal Sabines Vater. Doch wie kann die Geburt eines Kindes den Tod eines anderen Kindes wiedergutmachen? Sabine wurde auf die Art funktionalisiert. Sie wurde als Ersatz für die Schwester gesehen und hatte die Aufgabe, die Mutter wieder aufzuheitern, anstatt als eigene Person einfach nur sie selbst zu sein.

„Meine Mutter begleitete mich ständig mit übermäßiger Obhut, mit Argusaugen bewachte sie mich auf Schritt und Tritt",

erzählt Sabine weiter. Klar, dass sie als Erwachsene besonders empfindlich reagierte, wenn Roland ihr die Freiheit verwehren wollte. „Ich spürte als Kind ständig diese Atmosphäre von Trauer, Schmerz und Schuld. Ich habe gelernt, dass Nähe etwas Belastendes, Bedrückendes ist und dass ich die Freiheit ganz dringend brauche."

Auch Roland wurde als Kind mit seinen Bedürfnissen und Ängsten nicht richtig wahrgenommen. Seine Eltern hatten einen großen Fleischereibetrieb zu führen und noch dazu vier Kinder. Rolands Eltern waren mit ihrer Arbeit so sehr eingespannt, dass für ein gemütliches familiäres Beisammensein nur wenig Zeit blieb. „Ich fühlte mich sehr allein", sagt Roland. „Ich genoss es ganz besonders, wenn meine Mutter da war – und es war ein großer Schmerz, wenn sie mich jeden Tag aufs Neue verließ, um zur Arbeit zu gehen. Es dauerte immer eine gefühlte Ewigkeit, bis sie kam."

Sie können sich nun vielleicht vorstellen, warum Roland so sensibel reagierte, als Sabine zum wiederholten Mal abends wegging, um mit ihren Kollegen zu arbeiten. „Ich habe gelernt, dass ich mit meinen Bedürfnissen nur wahrgenommen werde, wenn jemand bei mir ist. Ich hatte nicht das Vertrauen, dass Sabine zurückkommt, und reagierte mit Alarm, wenn sie wegging."

Sowohl Sabine als auch Roland hatten liebevolle Eltern. Und doch bekamen sie zu wenig nährende Aufmerksamkeit. Sie wurden beide mit ihren Ängsten und Wünschen zu wenig wahrgenommen. Das ist die tief verwurzelte Seelenverwandtschaft, die sie verbindet. Nur die Strategien, die beide entwickelten, waren verschieden. Indem sie ihrer Seelenverwandtschaft auf die Spur kamen, lernten sie, einander zu verstehen und dem anderen entgegenzukommen.

Was Sie tun können

Übungen allein

⊙ Schenken Sie sich zwei, drei Tage Aufmerksamkeit, um zu beobachten, welche Themen Sie besonders beschäftigen, vielleicht sogar aufregen. Wo legen Sie Ihre Aufmerksamkeit hin? Zum Beispiel: Gehen Sie spazieren und sehen Sie vielleicht viel eher ein weinendes Kind als die blühenden Bäume am Straßenrand? Machen Sie sich dazu Notizen und werfen Sie nach ein paar Tagen einen Blick darauf. Gruppieren Sie ähnliche Themen. Könnten diese Themen mit Ihrer Kindheits- oder Jugendgeschichte zusammenhängen? Welche Themen haben Sie schon in Ihren ersten Lebensjahren kennengelernt?
Finden Sie einen vertrauten Menschen, mit dem Sie sich darüber austauschen können. Achten Sie darauf, dass diese Person Sie liebevoll begleitet und Ihnen vor allem zuhört, anstatt Ihnen Ratschläge zu geben. Bitten Sie die Person, Ihnen zuzuhören und Sie eventuell zu spiegeln (siehe Kapitel 1).

⊙ Schreiben Sie eine Liste über die Krisenzeiten aus Ihrem Leben. Benennen Sie diese Phasen und ordnen Sie ihnen ein ungefähres Datum zu. Beginnen Sie dabei in der Gegenwart und gehen Sie zurück bis zu Ihrer Geburt. Sie können dabei das verwenden, woran Sie sich erinnern können, oder das, was man Ihnen erzählt hat.
Dann überlegen Sie, was sich jeweils nach der Krise in Ihrem Leben verändert oder entwickelt hat. Was ist gleich geblieben und wiederholt sich noch immer?

⊙ Wenn Sie Ihre bisherigen Beziehungen betrachten: Welche Themen wiederholen sich in Ihrer aktuellen Beziehung, die Sie möglicherweise aus Ihrer Kindheit und Jugend kennen? Es geht hier nicht um reale Situationen, die sich wiederholen, sondern um das darin verborgene Thema, zum Beispiel: Mit meinem

Partner streite ich oft über Geld – in meiner eigenen Familie war Geld in großem Überfluss vorhanden. Bei ihm war Geld auch ein Thema, allerdings deshalb, weil es zu wenig gab.

⊙ Kenne ich sogenannte Reizwörter? Reizwörter sind Begriffe, auf die wir inadäquat reagieren, indem wir in Verteidigungs- oder Angriffshaltung gehen. Beispiele dafür können sein:
„Liebst du mich?"
„Wann heiraten wir endlich?"
„Wir sollten meine Eltern mal wieder besuchen."
„Es ist Zeit, den Gürtel enger zu schnallen."
„Ich möchte wissen, was du denkst."
„Zuerst die Arbeit, dann das Vergnügen."
„Du hörst mir nicht zu."
„Du bist wie ..."
„Du willst nicht mit mir schlafen."
„Immer nur Sex."
Machen Sie selbst eine Liste und begeben Sie sich dann auf die Suche: Welche Verletzungen und unangenehmen Erfahrungen sind dafür verantwortlich, dass Sie heute so stark darauf reagieren?

Übungen zu zweit

⊙ Zu all den Überlegungen, Gedanken und Erfahrungen, die Sie alleine gemacht haben, können Sie mit Ihrer Partnerin das Gespräch suchen. Wählen Sie pro Gespräch immer nur ein Thema.

⊙ Nehmen Sie sich eine halbe Stunde Zeit und erzählen Sie Ihrer Partnerin, welche schönen Erlebnisse Sie in Ihrer Kindheit hatten. Welche Bezugspersonen haben Sie besonders genährt, unterstützt und waren Ihnen Vorbild? Wenn Sie dazu ein Fotoalbum haben, nehmen Sie dieses zur Hilfe und zeigen Sie Ihrer Partnerin Fotos aus Ihrer Kindheit und Jugend.

⊖ Suchen Sie gemeinsam Orte auf, die in Ihrer Kindheit oder Jugend wichtig waren. Das können Spielplätze oder Schulen sein, Urlaubsorte oder frühere Wohnadressen. Erzählen Sie Ihrer Partnerin davon, wie es für Sie war, dort zu sein. Was war das Schöne und was war vielleicht schwierig?

Sie zeigen damit Ihrer Partnerin die Außenwelt, in der Sie gelebt haben, und geben ihr damit die Möglichkeit, Ihre Innenwelt zu erleben und zu erfahren.

3. DU BIST SO ANDERS ALS ICH
Gegensätze ziehen sich an

Roland und Sabine sind erst seit ein paar Monaten ein Paar und planen ihren ersten gemeinsamen Urlaub.

„Ich möchte gerne irgendwo hinfahren, wo ich mich gut erholen kann. Sonne, Strand und Meer, faul sein, in einem Café gemütlich einen Cappuccino trinken …"

„Wirklich? Also ich würde für mein Leben gerne Rom sehen. Da ist so viel Kultur, so viel Geschichte, die man kennenlernen kann. Ich bin sicher, dir würde das auch gut gefallen."

Eine Weile diskutieren sie, und schließlich gelingt es Sabine, Roland neugierig zu machen. Sie fahren nach Rom.

Mit vielen Reiseführern ausgerüstet besichtigen sie die Sixtinische Kapelle, den Petersdom, den Trevi-Brunnen, die Spanische Treppe und all die anderen wunderbaren Sehenswürdigkeiten der Ewigen Stadt.

„Ich bin total begeistert", sagt Roland am dritten Tag. „Ich hätte nicht gedacht, wie schön es ist, im Urlaub eine Stadt zu entdecken. Ich bin zwar müde, aber glücklich. Danke, dass du mich überzeugt hast, hierher zu kommen."

Sabine ist in ihrem Element. Am vierten Urlaubstag hat sie die nächste Sehenswürdigkeit im Visier: die Kirche Santa Maria Maggiore.

„Also nein, Sabine, das ist jetzt nicht dein Ernst. Es hat 40 Grad im Schatten und du willst auf diesen Hügel hinauf? Keine zehn Pferde bringen mich dazu!"

„Wenn ich meiner Mutter erzählen muss, dass ich diese Kirche nicht gesehen hab, fällt sie aus allen Wolken."

„Trotzdem. Wollen wir nicht heute eine Verschnaufpause einlegen?" Sabine lässt sich überreden, und so bummeln sie die Einkaufsstraßen entlang, lassen sich vom Menschenstrom treiben, schlürfen Kaffee auf der Piazza Navona und lassen so richtig die Seele baumeln.

„Ach, das war ein schöner Tag", sagt Sabine, als sie am Abend in einer gemütlichen Taverne zu Abend essen. „So entspannt! Das hätte es bei uns zu Hause früher nicht gegeben!"

Faszinierend, wie du bist

Veronika unternahm mit ihrer Freundin eine Mehrtageswanderung in den Osttiroler Bergen, als sie auf einer Hütte Werner kennenlernte. Sie stellten fest, dass sie für den darauffolgenden Tag dieselbe Route geplant hatten, und so machten sie sich zu dritt auf den Weg. Werner ging schweigsam vor sich hin, während die beiden Frauen zwischendurch immer wieder gerne schwatzten. Auf halber Wegstrecke mussten sie ein steiles Schneefeld überqueren. Veronika zögerte zunächst, sie hatte Angst abzurutschen und wollte umkehren, doch schließlich ließ sie sich überreden weiterzugehen.

Werner ging voran, sodass Veronika gut in seine Tritte steigen konnte, doch mitten auf dem Schneefeld bekam Veronika Angst. „Keinen Schritt gehe ich hier weiter, ich stürze sonst ab!", sagte sie. Kurzerhand drehte sich Werner um und ging zu ihr zurück. „Nicht hinuntersehen!", rief er ihr zu, „Schau immer nur mich an." Als er bei Veronika ankam, nahm er ihre Hand. Schritt für Schritt führte Werner sie sorgsam und sicher ans Ende des Schneefeldes.

Später auf der Hütte waren alle drei glücklich über den guten Ausgang dieser schwierigen Situation. Besonders Veronika und Werner unterhielten sich gut. Veronika sprühte vor Fröhlichkeit und Charme und nach zwei Gläschen Schnaps stimmte sie sogar ein Lied an. Werner war zurückhaltend, doch er genoss ihre Gesellschaft und hörte gerne zu. Er war sichtlich stolz darauf, dieses temperamentvolle Wesen auf diesem Schneefeld gerettet zu haben. Und auch Veronika war sichtlich angetan von ihrem Helden.

So kann Verliebtheit entstehen: In einer schwierigen Situation lernen zwei Menschen sich in ihrer jeweiligen Qualität kennen. Die eine ist fasziniert von der Ruhe und Gelassenheit des anderen, die sie selbst nie hätte aufbringen können. Der andere ist begeistert vom ausgelassenen Temperament, das er sich selbst nicht zugesteht.

Auf Sonnenschein folgt Regen

Eine Teilnehmerin unseres Imago-Paarworkshops sagte einmal auf die Frage, was denn nach der Verliebtheit komme: „Die Ernüchterung. Zuerst ist alles schillernd und toll, und dann erst stellt sich heraus, dass die Geschichte einen großen Haken hat." Wir nennen die Phase nach der Verliebtheit die Machtkampf-Phase. Nachdem wir eine Weile auf Wolke sieben schweben, beginnt die Differenzierung, das tiefere Kennenlernen. Eigenschaften und Verhaltensweisen, die wir zuerst idealisiert haben, nehmen wir nun in ihren unterschiedlichen Facetten wahr, und oft beginnt dann der Machtkampf, in dem beide ihr Revier abstecken wollen. Sosehr waren wir in der Verliebtheit geblendet, dass wir nun, schwer ernüchtert, überzeugt sind, womöglich den falschen Partner gewählt zu haben.

So ging es auch Werner und Veronika. Drei Jahre nachdem sie geheiratet hatten, baten sie uns um einen Termin für eine Paartherapie. „Ich halte das nicht mehr aus", sagte Veronika. „Ich bin meist als Erste zu Hause. Wenn Werner dann heimkommt, redet er den ganzen Abend vielleicht zehn Wörter mit mir. Lieber sieht er fern." Veronika redete und redete. Und was hatte Werner zu sagen? „Was soll ich noch erzählen? Veronika hat ja schon alles gesagt. Diese Frau redet unaufhörlich!"

Das verlorene Selbst

Alle Menschen werden mit einer gewissen Lebensenergie geboren, in der Imago-Therapie sprechen wir von der Kernenergie. Wir sind ausgestattet mit allen positiven Eigenschaften: Lebendigkeit, Neugierde, Intelligenz, Kreativität, Empathie, Zärtlichkeit, Temperament, Experimentierfreude, Gelassenheit, Vertrauen, Ehrgeiz, Nachdenklichkeit und so fort. Wir wollen die Welt als Ganzes erfahren und uns mit all unseren Fähigkeiten entwickeln – und weil wir mit allen Grundeigenschaften ausgestattet sind, haben wir auch das Potenzial dazu.

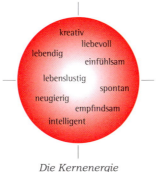

Die Kernenergie

Ein Baby hat zum Beispiel das Potenzial, gehen zu lernen. Es krabbelt, und eines Tages ist es in der Lage, alle etwa 60 Muskeln so zu koordinieren, dass es aufstehen und die ersten Schritte machen kann. Diese Erfahrung wird im Gehirn verarbeitet, als Muster gespeichert und kann somit später reproduziert werden. Selbstverständlich braucht dieses Baby nicht nur seine physischen Anlagen, um gehen zu lernen, sondern auch eine soziale Umgebung, die ihm entsprechende Reize gibt.

So ist es mit allem, was wir als Kind lernen. Wir tragen alle psychischen Anlagen in uns, doch manches geht durch die Erziehung verloren, weil wir bei manchem gefördert und ermutigt, bei anderem wiederum gebremst oder gar verhindert werden. Wir haben zum Beispiel alle das Potenzial zu denken und zu handeln.

Doch das eine Kind wird aufgrund seiner Erziehung lernen, zuerst gut und lange zu überlegen, bevor es etwas tut, während ein anderes Kind lernt, spontan zu handeln, ohne lange zu grübeln.

Die vier Bereiche der Kernenergie

Unsere Kernenergie entfaltet sich in vier Bereichen: dem Denken, dem Fühlen, dem Handeln und dem Empfinden mit den fünf Sinnen. Je nach Erziehung werden gewisse Bereiche mehr gefördert und andere wiederum mehr verhindert, sodass sie nur schwach ausgeprägt oder verkümmert sind. Die gesamte Energie bleibt immer die gleiche, nur die Schwerpunkte entwickeln sich unterschiedlich.

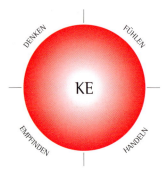

Die vier Bereiche der Kernenergie

Diese Erziehung erfolgt zum Teil über Vorbildwirkung und zum Teil über Botschaften. „Erst denken, dann reden" ist zum Beispiel eine Botschaft, die das Denken anspornen will, ebenso: „Toll, was du dir für schöne Geschichten ausdenkst!" Wenn Eltern oder Verwandte Bücher schenken oder immer gerne bereit sind, Fragen zu beantworten, dann trainieren sie bei ihrem Kind den Denkmuskel.

Auf Fühlen wird man trainiert, wenn man Botschaften hört wie: „Es ist in Ordnung, Angst zu haben" oder: „Schön, dass du deine Gefühle ausdrückst" oder: „Deine Tränen sind willkommen" oder: „Ich kann gut verstehen, dass du wütend bist."

Kinder, die mehr zum Handeln motiviert werden, hören Botschaften wie: „Toll, wie du das machst!" oder: „Schön, wie du vor dem Spiegel tanzt!" Sie werden ermutigt, Neues auszuprobieren, und dabei wohlwollend unterstützt.

Kinder, die sich beim Empfinden voll entfalten konnten, durften „essen, was dir schmeckt". „Greif nur zu!" oder: „Du riechst aber gut!" oder: „Mir gefällt diese Musik zwar nicht, doch wenn du sie gerne hörst, dann freue ich mich für dich" sind weitere Beispiele für Botschaften, die das Empfinden fördern.

Genauso gibt es Eltern-Botschaften, die das Entfalten mancher Bereiche behindern. „Überlass das Denken den Pferden, die haben den größeren Kopf!" würde zum Beispiel dazu führen, dass ein Kind lernt, sich nicht erst groß den Kopf über etwas zu zerbrechen. Was lernt ein Kind, dem man beibringt: „Übermut tut selten gut"? Es lernt, seine Gefühle im Zaum zu halten und sich in emotionaler Zurückhaltung zu üben.

„Klettere da nicht hinauf, sonst fällst du hinunter!" ist sicher keine Ermutigung, seine körperliche Geschicklichkeit und somit das Handeln zu trainieren, ebenso: „Jetzt sitz endlich still!" Und Botschaften wie: „Iss diese Suppe, sie ist nicht versalzen!" oder: „Starr doch die Leute nicht so an!" schränken Kinder darin ein, ihre fünf Sinne zu erproben und auf sie zu vertrauen. Einschränkungen können – ebenso wie Verstärkungen – auch ohne verbale Botschaften passieren, indem Eltern in ihrem eigenen Leben manche Bereiche mehr und andere weniger ausgeprägt haben und Kinder dieses Verhalten kopieren.

Falls Sie, liebe Leserin und lieber Leser, nun geneigt sind, mit Ihrem Schicksal zu hadern, weil Ihre Eltern Ihnen so viele Verbote oder Einschränkungen zuteilwerden haben lassen, so denken Sie bitte daran: Eltern sind auch nur Menschen. Es wäre unangemessen zu verlangen, dass Eltern ihre Kinder in allen Bereichen gleichermaßen fördern. Ihre Eltern waren schließlich auch einmal Kinder, die ebenfalls von ihren Eltern in manchen Bereichen verstärkt oder eingeschränkt wurden.

Auf diese Art werden Verhaltensweisen über Generationen weitergegeben. Es kommt auch vor, dass bei einem Generationenwechsel eine Prägung ins genaue Gegenteil verwandelt wird. Das passiert dann, wenn Eltern zum Beispiel ganz extrem ihre Intellektualität auslebten und man als Kind dann erst recht das Gegenteil machen möchte, indem man etwa zuerst handelt, dann denkt. In jedem Fall ist die Verstärkung oder Einschränkung einer Kernenergie Teil des Familienmusters.

Mit all diesen geförderten und eingeschränkten Bereichen geht jeder von uns durchs Leben und begegnet anderen Menschen. Von manchen Menschen fühlen wir uns besonders angezogen: weil sie seelenverwandt sind oder weil sie jene Bereiche verstärkt haben, die bei uns selbst eher verkümmert sind. Nicht nur Gleich und Gleich gesellt sich gern, auch Gegensätze ziehen sich an.

Topf und Deckel

Bei Veronika und Werner sind die Gegensätze schnell erkennbar: Veronika ist das quirlige, sprudelnde Temperament, das das Herz auf der Zunge trägt. Werner ist der Ruhepol, der in schwierigen Situationen gelassen bleibt und kühlen Kopf bewahrt. Zu Beginn ist Veronika begeistert von ihrem Lebensretter und Werner ist fasziniert von dieser Frau, die so viel Lebhaftigkeit und Frische in sein Leben bringt. Drei Jahre später kritisieren sie genau das, was sie so faszinierend fanden: Veronika beklagt sich, weil Werner nicht mit ihr redet. Sie würde gerne wissen, wie sein Tag in der Kanzlei war, doch er will nicht darüber sprechen, weil er am Abend von seinem Berufstag und den Problemen gerne Abstand gewinnen möchte. Er zieht sich lieber zurück, um dem Wortschwall seiner Frau zu entgehen. „Es gibt nichts Freudiges mehr in unserer Beziehung. Früher haben wir so tolle Wanderungen gemacht, jetzt passiert gar nichts mehr", sagt sie. Werner wiederum beschwert sich, weil Veronika viel redet und so emotional ist. „Wenn ich von meinem Job erzähle, will sie stundenlang darüber reden und mir womöglich noch Tipps geben. Ich gebe ihr auch nicht dauernd Tipps, was sie in ihrem Beruf besser machen könnte, und wenn, dann gäbe es einen Lösungsvorschlag von mir und kein ewiges Zerkauen des Problems. Da ziehe ich mich lieber zurück und lese oder sehe fern. Ich halte diese vielen Emotionen nicht aus!", sagt er.

Werner und Veronika sind eindeutig in der Machtkampf-Phase gelandet. In der Verliebtheit waren beide begeistert von jenen Eigenschaften des anderen, die bei ihnen selbst verkümmert sind. Je länger sie zusammen waren und die Verliebtheit allmählich dem Alltag wich, umso öfter reagierten sie gereizt oder ablehnend.

Im Machtkampf bekommen wir vor Augen geführt, was uns abhandengekommen ist. Die typische Reaktion darauf: Wir wollen unseren Partner dazu bringen, diesen bei uns verkümmerten Teil auch nicht zu leben. Da wir selbst dieses Potenzial nicht leben durften, wollen wir ihn ebenfalls einschränken. Das tun wir, indem wir zum Beispiel dieselben einschränkenden Botschaften unserer Eltern unserer Partnerin sagen – vielleicht nicht in derselben Diktion, doch bestimmt mit einer ähnlichen Absicht.

Ein gutes Team – das verlorene Selbst wiederfinden

Die Natur meint es gut mit uns. Sie sorgt dafür, dass wir uns jene Partnerin aussuchen, die uns unser verlorenes Selbst vergegenwärtigt und wir die Chance bekommen, es wiederzufinden – sofern wir bereit sind, die Partnerin als Trainerin und Vorbild zu nehmen. Tragisch wird es, wenn wir sie stattdessen genau in dieser Eigenschaft und diesen Verhaltensweisen kritisieren und abwerten. Leider kommt es genau in dieser Phase auch zu Trennungen.

Veronika und Werner haben zum Glück beschlossen, nicht so schnell die Flinte ins Korn zu werfen, sondern sich die Sache genauer anzusehen. Veronikas Kernenergie wurde vor allem von ihrer Mutter geprägt, die ihr vormachte, dass es gut sei, Gefühle zu zeigen. Die Mutter war eine sehr lebendige Frau mit starkem Gefühlsausdruck. Veronika erlebte eine Mutter, die sehr viel Freude hatte, aber auch übertriebene Angst, vor allem um ihre Tochter. Veronikas Mutter tat sich schwer, manchmal innezuhalten, kühlen Kopf zu bewahren, nachzudenken und eine Gefahr realistisch einzuschätzen.

Werner wurde als Kind in seiner Gefühlswelt eingeschränkt. „Angsthase", sagte seine ältere Schwester gerne zu ihm, und sein Kindermädchen führte ihm vor Augen, dass man sich als Bub nicht fürchten darf: „Schau deine Schwester an, nicht einmal sie fürchtet sich, und du als Bub schon!" Werner lernte, seine Gefühle zu unterdrücken.

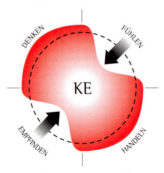

Werners Kernenergie

Veronika und Werner haben nach drei Jahren Ehe ein Problem mit ihrer unterschiedlich ausgeprägten Kernenergie – und doch sind sie ein gutes Team. In den Bereichen, in denen die eine eingeschränkt wurde, hat der andere seine Stärke und umgekehrt. Als Gesamtpaket sind sie also eine runde Sache, die alle Energien gut ausgeprägt hat. Wenn es ihnen gelingt, die Stärken des anderen zu schätzen, anstatt sie abzuwerten, und die eigenen Stärken für sich und die Beziehung konstruktiv zu nutzen, dann sind sie ein wunderbares Team. Dann haben sie alle Voraussetzungen, um als Eltern, im Beruf, in ihrer Persönlichkeit und als Paar erfolgreich zu sein.

Einen schönen Nebeneffekt hat das Anerkennen und Wertschätzen: Wenn Veronika ihren geförderten Energien treu bleibt, kann auch Werner seine verschütteten Qualitäten ausgraben und wieder erlernen – und umgekehrt. Das funktioniert natürlich nur, wenn wir uns bewusst machen, dass wir uns unseren Partner so ausgesucht haben, dass er in jenen Bereichen talentiert ist, die bei uns verkümmert sind. Sehen Sie Ihre Partnerin, Ihren Partner doch einmal als Trainer, der Ihnen hilft, Ihre verlorenen Selbstanteile wiederzufinden.

Lernen in kleinen Schritten

Dieser Lernprozess kann natürlich nur über einen längeren Zeitraum gehen, denn wenn Sie eine Fähigkeit über so lange Zeit nicht genutzt haben, dann muss dieser „Muskel" langsam aufgebaut werden. Aus einem Couch-Potato wird schließlich auch nicht über Nacht ein Marathonläufer. Jemand, der im Denken eingeschränkt wurde, wird sich nicht leicht tun, ein Buch zu schreiben. Jemand, der im Handeln eingeschränkt wurde, wird nicht gleich in der Lage sein, alle Geschicke zu lenken, und jemand, der in den Empfindungen eingeschränkt wurde, wird nicht gleich mit Begeisterung alle Speisen der Welt ausprobieren wollen. Und schließlich wird jemand, dessen Gefühlsmuskel verkümmert ist, es sich nicht so schnell erlauben können, seine Angst zu spüren und zu zeigen. All dies wird er langsam wieder lernen, und dafür wird er viel Willenskraft, Geduld und Beharrlichkeit brauchen sowie die Fähigkeit, Rückschläge einstecken zu können. Und die Partnerin, der Partner wird ebenso Geduld und Liebe brauchen, um bei diesem Lernprozess zu unterstützen und auch die ganz kleinen Schritte zu loben.

Veronika und Werner haben sich einen Imago-Paarworkshop gegönnt. In einer der Pausen sagten sie zu uns: „Wir sind so betroffen über diese Zusammenhänge, die wir hier entdeckt haben. Jetzt verstehen wir erst, warum wir uns in unseren Stärken gegenseitig abwerten mussten. Wir schämen uns fast dafür, dass wir so schlecht miteinander umgegangen sind, denn eigentlich sind diese Stärken, diese Energien, genau das, was wir aneinander so lieben." Anstatt sich zu trennen oder sich damit abzufinden, haben sie sich bewusst gemacht, welche Mechanismen hinter ihrem abwertenden Verhalten stecken. Sie haben begonnen, ihre verlorenen Anteile zurückzuerobern.

Viele Paare sind als Team so erfolgreich, weil sie aufgehört haben, sich zu bekämpfen. Stattdessen leben sie zusammen im Bewusstsein, einander gut ergänzen zu können und sich gegenseitig dabei zu unterstützen, verlorene Selbstanteile wiederzugewinnen. Sie sind dadurch tolle Eltern, wunderbare Menschen und beruflich viel erfolgreicher. Auch wir konnten dieses Buch nur deshalb schreiben, weil wir als Team zusammenarbeiteten und unsere unterschiedlichen Talente in den Dienst der gemeinsamen Sache stellten.

Worum es wirklich ging

Die Szene zu Beginn des Kapitels beschreibt, wie zwei Menschen mit gegensätzlichen Urlaubsvorstellungen doch eine schöne Reise erleben. Die Gegensätze sind klar: Sabine wünscht sich einen Kultururlaub, Roland plädiert für einen Erholungsurlaub.

Sabine erzählt von ihrer Familie: „‚Was du im Kopf hast, kann dir keiner wegnehmen', sagte meine Mutter immer. Schon meine Großmutter schätzte die Welt der Denker und der Bildung. Sie hat angesichts der Weltwirtschaftskrise erlebt, dass man alles Materielle verlieren kann – doch nicht das, was man gelernt hat." Es war für Sabines Familie das Mindeste, dass sie eine gute Schülerin war, und es musste auch ein Studium und ein Doktortitel sein. „Dafür sind andere Dinge wieder zu kurz gekommen", sagt Sabine. „Dadurch, dass meine Mutter mich auf Schritt und Tritt ängstlich bewachte, war die Aktion, das Handeln bei mir etwas unterbelichtet." Sabines Kernenergie war besonders im Bereich Denken ausgeprägt, zulasten des Bereichs Handeln.

Bei Roland war es genau umgekehrt. In seiner Familie wurde zugepackt. Wenn es ein Problem gab, wurde gehandelt. Als der Fleischereibetrieb nach dem Krieg nicht gut lief, tat Rolands Vater etwas, das vorher noch niemand machte: Er packte einen Ziegel heißen Leberkäse in seinen Rucksack und belieferte Wiens Feinkostläden mit dieser Delikatesse. Und brachte damit das Geschäft in Gang. Nach vorne schauen, aufbauen, handeln war die Devise. Dafür war das Lernen nicht so wichtig. „Meine Mutter sagte immer, ein Fleischer brauche kein Latein können. Also besuchte ich die Handelsschule. ‚Da brauchst du dich nicht so zu quälen', war ihre Meinung dazu."

Roland war fasziniert von Sabines Welt des Wissens und der Kultur. Bisher kannte er nur Urlaube an einem See, wo man badete und in der Sonne lag, doch etwas Kulturelles stand nicht auf dem Programm. „Es ist verständlich, dass meine Eltern die Erholung suchten und nicht stundenlang durch eine Stadt wandern wollten. Schließlich waren sie das ganze Jahr über auf den Beinen und wollten einfach nur einmal nichts tun." Bei Sabine war es umgekehrt: Ihre Eltern klapperten im Urlaub sämtliche Sehenswürdigkeiten ab. Dass man auch einmal nur bummeln kann, ohne besonderem Ziel vor Augen, das war für Sabine eine neue Welt.

Es ist kein Zufall, dass sich Sabine und Roland verliebt haben. Beide suchten sich einen Partner, der den Teil der Kernenergie besonders auslebt, der bei ihm selbst eingeschränkt ist. Manche Paare beginnen im Angesicht solcher Kontraste, die eigene Welt zu verteidigen. Sabine und Roland hätten auch sagen können: „Meine Art, Urlaub zu machen, ist die bessere." Doch glück-

licherweise taten sie das nicht und konnten sich dadurch beide ein gutes Stück weiterentwickeln.

Heute können die beiden nicht nur schätzen, was der andere in die Beziehung einbringt und womit er einen Ausgleich schafft. Sie haben sich vom anderen gerne etwas abgeschaut. Roland liest Fachbücher, weil er wissensdurstig ist, er hat den Bereich Denken seiner Kernenergie ausgebaut. Sabine wiederum kann heute viel leichter ins Handeln kommen. Sie setzt um, was sie immer wieder lernt, und organisiert sogar Kongresse.

Was Sie tun können

⊙ Sammeln Sie so viele einschränkende Elternsätze wie möglich. Ordnen Sie diese anschließend den vier Bereichen der Kernenergie zu. Wir haben hier ein paar solcher Sätze gesammelt, damit Sie sich inspirieren lassen können:

Sätze, die den Bereich „Denken" einschränken:
- Überlass das Denken den Pferden, die haben einen größeren Kopf.
- Das erkläre ich dir erst, wenn du größer bist.
- Du mit deinen Ideen. Hör doch auf zu träumen.
- Darüber spricht man nicht.
- Vom vielen Nachdenken ist noch keine Arbeit erledigt worden.

Sätze, die den Bereich „Fühlen" einschränken:
- Da brauchst du keine Angst haben.
- Ein Indianer kennt keinen Schmerz.
- Du Zorniggel, geh in dein Zimmer.
- Übermut tut selten gut.
- Freu dich nicht zu früh, sonst bringt das Unglück.
- Ich hau dir eine runter, damit du weißt, warum du weinst.
- Schämst du dich nicht?
- Hochmut kommt vor dem Fall.

Sätze, die den Bereich „Handeln" einschränken:
- Klettere da nicht rauf, sonst fällst du gleich wieder runter.
- Sitz endlich still.
- Lass mich das machen, ich kann das besser.
- Doktor spielen ist in unserer Familie verboten.
- Das ist für Mädchen zu gefährlich.

Sätze, die den Bereich „Empfinden" einschränken:
- Dieser Pulli kratzt nicht.
- Schauen tut man mit den Augen.
- Greif dort nicht hin, das ist nichts für kleine Kinder.
- Starr doch die Leute nicht so an.
- Das ist nicht für deine Ohren bestimmt.
- Gegessen wird, was auf den Tisch kommt.
- Nimm das nicht in den Mund.
- Steck nicht überall deine Nase hinein.
- Gib der Tante ein Bussi, die Tante stinkt nicht.

↪ Welcher Bereich wurde am stärksten eingeschränkt? Und welcher der drei anderen Bereiche ist stattdessen besonders gut ausgeprägt?

↪ Schreiben Sie eine Liste von Eigenschaften, die Sie an Ihrer Partnerin bzw. Ihrem Partner besonders nerven, irritieren oder ärgern und Sie sich eventuell dabei ertappen, sie bzw. ihn dabei einzuschränken.

↪ Schreiben Sie eine Liste von Eigenschaften und Verhaltensweisen, die Sie an Ihrer Partnerin bzw. Ihrem Partner damals in der Verliebtheitsphase besonders bewundert haben. Bilden Sie die vier Gruppen Denken, Fühlen, Handeln, Empfinden. Welche dieser Bereiche waren besonders faszinierend?

- Gehen Sie mit Ihrer Partnerin auf Entdeckungsreise nach besonderen Fähigkeiten. Vereinbaren Sie danach einen Zeitraum, zum Beispiel eine Woche oder 14 Tage, in dem Sie sich täglich gegenseitig eine Wertschätzung schenken. Ein Beispiel: „Ich schätze besonders, wie du Projekte gut überlegst und dir jeden Schritt genau durchdenkst, bevor du ins Handeln gehst." Oder: „Ich liebe es, wie du deine Gefühle zum Ausdruck bringst, zum Beispiel wie du dich freust, wenn du ein Geschenk bekommst."

- Erinnern Sie sich noch an das Beispiel mit Veronika, Werner und dem Schneefeld aus dem Kapitel? Laden Sie Ihre Partnerin bzw. Ihren Partner ein, etwas zu tun, was Sie vielleicht noch nicht oder schon lange nicht mehr getan haben. Beginnen Sie mit kleinen Schritten. Wenn Ihre Partnerin Höhenangst hat, gehen Sie nicht gleich auf den Großvenediger, sondern machen Sie eine Wanderung im Wienerwald. Laden Sie Ihren Partner ein, etwas Neues auszuprobieren, unter dem Motto „Auch wenn du stärkeres Herzklopfen bekommst, es ist dein Leben und es ist gut, etwas Neues auszuprobieren und deine ganze Kernenergie wiederzuentdecken".

4. DAS DYNAMISCHE DUETT
Schildkröte und Hagelsturm

„Sag, Sabine, wir haben doch ausgemacht, dass die Kinder weniger fernsehen. Warum sieht Florian jetzt fern? Diese Sendung ist wirklich nichts für Kinder."

„Kinder müssen sich auch entspannen, Roland, lass ihn doch."

„Was heißt entspannen? Ich glaube, du redest von dir! Du willst dich entspannen." Und mit lauter werdender Stimme fährt Roland fort: *„Ich hab das so satt! Wir machen etwas aus, und dann hältst du dich nicht dran."*

Sabine schweigt.

„Ha! Du sagst nichts! Das heißt, du stimmst mir zu!"

„Überhaupt nicht", sagt Sabine und will sich wieder ihrem Schminkritual zuwenden, das sie wegen Roland unterbrochen hat.

„He, ich rede mit dir!"

„Wenn jemand so mit mir redet, dann rede ich nicht."

Roland wird immer wütender. „Das ist nicht zu fassen! Wir vereinbaren, dass die Kinder nur eine Sendung pro Tag sehen dürfen, und du ignorierst das!"

Sabine schweigt weiter, doch Roland kommt so richtig in Fahrt.

„Sag endlich was! Rede mit mir! Immer, wenn wir einen Konflikt haben, schweigst du dich aus!"

„Ach, lass mich doch in Ruhe."

Schön langsam verliert Roland die Fassung. „Genau das meine ich", brüllt er, *„immer wenn wir reden sollten, schweigst du. Jetzt rede endlich!"*

Sabine schweigt weiter. Nach längerem Zögern sagt sie: „Ich weiß eh, du hast Recht. Ich hab wieder etwas falsch gemacht. Immer das Gleiche mit mir …"

„Und jetzt kommst du mit diesem unterwürfigen Gerede!", schreit Roland, mittlerweile völlig außer sich. *„Mir reicht's! Ich hab genug, ich gehe!" Sagt's, und knallt die Wohnungstür hinter sich zu.*

Minimierer und Maximierer – zwei gegensätzliche Temperamente

Stresssituationen machen uns Menschen ganz schön zu schaffen. Wir geraten in einen Wirbelsturm, in dem wir unser Verhalten nicht mehr richtig steuern können. Stattdessen übernimmt der Autopilot das Kommando und zeigt, welches Grundtemperament in uns steckt. Im Imago sprechen wir von zwei Temperamenten: dem Minimierer und dem Maximierer. Der eine zieht sich nach innen zurück, der andere geht nach außen, und zwar laut und deutlich. Wir nennen diese zwei Typen liebevoll Schildkröte und Hagelsturm.

Die Schildkröte

Was macht eine Schildkröte, wenn sie in Gefahr ist? Sie zieht Kopf und Füße so weit wie möglich unter den Panzer, um sich zu schützen. So ähnlich verhält sich ein Mensch, dessen Grundtemperament der Minimierer ist: Wenn er Angst bekommt, zieht er sich zurück, schweigt, erstarrt, oder er unterwirft sich. Seine Energie geht nach innen. Wie durch den Panzer einer Schildkröte fühlt er sich geschützt, von außen nicht erreichbar.

Nach unserer Erfahrung sind etwa zwei Drittel der Menschen dieses Temperaments Männer, etwa ein Drittel sind Frauen. Es kann sein, dass jemand in der Beziehung zwar ein Minimierer ist, im Beruf jedoch ein Maximierer. Das heißt, grundsätzlich kann ein Mensch extrovertiert sein – doch bei Stress und Angst in der Beziehung wird er zum Minimierer.

Das Erstarren bei Gefahr gibt es übrigens auch in der Tierwelt, es ist ein Instinkt, eine Überlebensstrategie. Ein Kaninchen zum Beispiel erstarrt beim Anblick einer Schlange, es minimiert Atmung und Herzschlag. Auch das Unterwerfen gibt es in der Tierwelt: Der Wolf, der einen Kampf verloren hat, legt sich auf den Rücken und entblößt seine Kehle.

Beim Menschen ist das minimierende Verhalten ebenfalls ein Instinkt, der automatisch abläuft, ohne dass wir nachdenken müssen. Es ermöglicht uns, auf Stress schnell und letztlich lebenserhaltend zu reagieren.

Von außen wird die Schildkröte oft als respektvoll erlebt. „Schau einmal dieses Paar an! Er brüllt sich weg und sie bleibt immer noch ruhig." Oder: „Sieh doch, dieser Mann hat schon dreimal zugegeben, dass er sich schlecht verhalten hat, und seine Frau macht ihm immer noch Vorwürfe." So wird die Schildkröte gesehen: als einsichtig, vielleicht sogar als die arme Person, die vom Partner unterdrückt wird.

Ob wir eine Person mit Schildkröten-Verhalten eher als positiv oder eher als nervig ansehen, wird letztlich davon abhängen, welcher Typ wir selbst sind und wie wir uns selbst bewerten. Wenn es uns stört, eine Schildkröte zu sein, werden wir die andere Schildkröte konfrontieren: „Na, jetzt rede doch endlich!" Oder wir identifizieren uns mit ihr, dann sagen wir: „Also wenn jemand mit mir so reden würde, dann würde ich auch schweigen."

Das Verhalten der Schildkröte hat Vor- und Nachteile. Ein Vorteil ist, dass sie für etwas Ruhe im Sturm sorgt, kalmiert, einen Gang zurückschaltet und so Gelegenheit gibt nachzudenken, bevor man eine unüberlegte Handlung setzt. Eine Schildkröte macht es hingegen dem anderen schwer, in Kontakt mit ihr zu treten. Sie tut viel, um eine Kommunikation zum Stillstand zu bringen, und verhindert damit den konstruktiven Austausch.

Der Hagelsturm

Ein Hagelsturm ist unangenehm. Er pfeift um die Ecken, rüttelt gewaltig an allem, was nicht niet- und nagelfest ist. Er schleudert einem die Hagelkörner ins Gesicht und am Ende verschwindet er so schnell, wie er gekommen ist. So ähnlich verhält sich ein Mensch, den wir den Maximierer nennen: Wenn er Angst bekommt, greift er an oder er flüchtet – oder er macht beides hintereinander. Seine Energie geht nach außen, ganz nach dem Motto: Angriff ist die beste Verteidigung.

Auch wenn der Hagelsturm männlich wirkt: Etwa zwei Drittel der Hagelstürme sind Frauen, zirka ein Drittel Männer. Und auch hier gilt: Ein Mensch kann in einer Situation hagelstürmisch sein, andernorts, zum Beispiel im Beruf, eher zurückgezogen und introvertiert.

Wie beim Minimierer geht es auch beim Hagelsturm um eine schnelle, unbewusste Reaktion: angreifen oder flüchten. Wie in der Tierwelt auch. Wenn ein Tiger bedroht wird, greift er an. Ein Zebra wiederum überlebt, indem es so schnell wie möglich flüchtet.

Hagelstürme werden von anderen gut wahrgenommen, weil sie leichter auffallen als Schildkröten. Je nachdem, welcher Typ man selbst ist und wie man sich dabei selbst bewertet, fällt auch die Meinung zum Hagelsturm aus: „Schau einmal, wie diese Frau sich die Seele aus dem Leib schreit. Kein Wunder, dass der Mann so schweigsam ist, der kommt ja gar nicht zu Wort." Oder auch: „Mich würde das auch verrückt machen, wenn ich nie eine Antwort bekäme, da würde ich genauso laut werden."

Es sind zwei gegensätzliche Qualitäten, die ein Hagelsturm bringen kann. Einerseits ist er gar nicht sanft und kann auch Leid schaffen. Und indem seine Worte nur so auf sein Gegenüber prasseln, sorgt er nicht gerade für ein gutes Gesprächsklima. Andererseits stellt er der Beziehung seine gesamte Energie zur Verfügung und es kommen viele Impulse. Nur leider oft in einem zu großen Ausmaß.

Der Beziehungstanz

Stellen Sie sich einmal zwei Schildkröten vor, die einen Konflikt miteinander haben. Was passiert? Wohl nicht viel. Beide ziehen sich in ihren Panzer zurück und schließen jegliche Kommunikation von vornherein aus. Von gemeinsamem Tanz keine Spur! Zwei Schildkröten kämen wohl kaum über die Verliebtheitsphase hinaus. Sie würden auf halbem Weg verhungern. Auch zwei Hagelstürme hätten wenig Chance auf eine langfristige gemeinsame Zukunft – da gäbe es vermutlich innerhalb kurzer Zeit Mord und Totschlag.

Unsere Erfahrung zeigt, dass es in einer Beziehung fast immer einen Hagelsturm und eine Schildkröte gibt, zumindest tendenziell. Das ist auch gut so. Nur dann kann eine Dynamik entstehen, die der Beziehung zuträglich ist. Auch in Organisationen und Teams braucht es Minimierer und Maximierer, die einander ergänzen. Was der eine ein Stück zu schnell vorantreiben will, hält die andere ein bisschen auf, beruhigt, gibt Zeit zum Nachdenken. Und was der eine nie wirklich aussprechen will, nennt die andere beim Namen und sorgt dafür, dass etwas in Bewegung kommt. Im Idealfall existiert ein Gleichgewicht zwischen den Gemütern.

Beide, die Schildkröte und der Hagelsturm, haben Gutes und weniger Gutes zu geben. Keiner der beiden ist besser oder schlechter als der andere, auch wenn es manchmal das subjektive Empfinden suggeriert. Die Schildkröte, die stoisch den Angriff des Hagelsturms erträgt, mag eine Heldin sein. Andererseits bringt sie durch ihre Erstarrung und Unterwerfung den Hagelsturm dazu, sich unbeherrscht und schuldig zu fühlen. Auch der Hagelsturm kann als Held gefeiert werden, weil er voranschreitet und Konflikte auf den Tisch legt. Auf der anderen Seite kann seine Energie zerstörerisch sein und die Schildkröte verletzen, sodass sie sich noch mehr in ihren Panzer zurückzieht. Man muss eben die gesamte Dynamik sehen, die so einem Paartanz innewohnt.

Wie wird man Schildkröte oder Hagelsturm?

Denken Sie einmal an Ihre Eltern oder an die Personen, die Sie erzogen haben: Erkennen Sie deren Grundtemperamente? Fast immer erleben wir die Mutter oder den Vater als Hagelsturm oder Schildkröte und übernehmen eine der beiden Verhaltensweisen.

Simone gehört zu dem Drittel der Frauen, deren Verhalten dem einer Schildkröte entspricht. Sie erzählte uns, dass sie damit ihrem Vater ähnlich ist. In einem Dialog mit ihrem Partner Paul erzählte sie, wie sehr sie darunter gelitten hat, wenn ihre Mutter – ein olympischer Hagelsturm – ihren Vater attackierte. „Ich hatte den Eindruck, Papa kann sich überhaupt nicht wehren. Und damals habe ich wohl unbewusst beschlossen, ich werde so wie Papa, damit er nicht alleine ist."

Raphaela, ein gelernter Hagelsturm, erzählte uns, dass sie ihrer Mutter mit ihrem Temperament ähnlich ist. Jeden Tag erlebte Raphaela, wie die Mutter, ein wahrer Turbo-Hagelsturm, verzweifelt versuchte, ihren Mann zu erreichen, der sich so sehr distanzierte. Doch ihre Verzweiflung war so groß, dass sie nur noch brüllen konnte. Raphaela sagte: „Ich habe meine Mutter so verzweifelt erlebt, dass ich mir geschworen habe: Ich werde alles tun, um sie zu unterstützen, damit sie nicht so alleine ist. Damals habe ich wohl beschlossen, ein Hagelsturm zu werden."

Karl, eine typische Schildkröte, schilderte seiner Frau Gabi in einem Dialog, wie sehr er seinen Vater liebt – und wie sehr er gleichzeitig verletzt ist, weil sein Vater so wenig Zeit für ihn hatte. Am schlimmsten aber war es, von der Mutter regelmäßig zu hören: „Dein Vater ist ein ganz schlechter Mensch. Er interessiert sich nicht für dich und mich und kommt daher nicht nach Hause." Karl war sich so sicher, dass sein Vater kein schlechter Mensch war. Er hatte nur bei seinen Eltern nie gelernt, was Liebe und Kontakt bedeuten. „Ich habe mir damals gedacht, auch wenn die Mama schlecht über ihn redet, so liebe ich den Papa trotzdem und werde genauso wie er."

Leo erzählte uns, dass er einmal als Kind wütend wurde, weil ihm eine Hausaufgabe nicht gelingen wollte. Er zerriss das Heft. Das machte seinen Vater so wild vor Zorn, dass er Leo schlug. Heute ist Leo ein klassischer Hagelsturm, er sagte in einem Dialog: „Ich habe damals beschlossen: Nie wieder will ich so geschlagen werden. Deswegen greife ich an, wenn mir jemand gefährlich erscheint, und das kann durchaus auch meine Frau sein."

Es gibt viele verschiedene Gründe, warum man Schildkröte oder Hagelsturm wird. Dieses Verhalten entsteht sehr früh und wird oft dadurch bestimmt, was wir bei unseren Eltern erlebt haben und ob wir uns mehr mit der Mutter oder dem Vater identifizieren. Manchmal gibt es so etwas wie eine Familientradition, in der seit vielen Generationen alle Männer immer Schildkröten werden, alle Frauen Hagelstürme.

Natürlich hängt nicht alles ausschließlich davon ab, wie wir sozialisiert werden. Mit den Genen unserer Eltern werden uns auch eine Veranlagung, ein Grundtemperament und ein Körpertypus mitgegeben. Diese Veranlagung wird durch Erziehung und Umwelt verstärkt oder abgeschwächt. In einer Welt, in der es von Vorteil ist, Schildkröte zu sein, werden Menschen mit der angeborenen Veranlagung zum Hagelsturm trotzdem ein Hagelsturm, allerdings ein gemäßigter, oder eine aufgeweckte Schildkröte. Menschen mit einem angeborenen ruhigen, gelassenen Temperament werden in so einer Welt ganz bestimmt klassische Schildkröten. Dasselbe gilt umgekehrt in einer Hagelsturm-Welt.

Die Entwicklung zu einem bestimmten Typus ist also sehr vielschichtig determiniert. Es ist schwer zu sagen, was aus Ihren Kindern wird, auch wenn Sie meinen, die eine oder andere typische Ausprägung bereits zu erkennen. Versuchen Sie nicht, Ihre Kinder in eine bestimmte Richtung zu erziehen, sondern lassen Sie es einfach geschehen. Denn der Typ, für den sich Ihr Kind unbewusst entscheidet, ist der, der passen wird.

Ich finde überall mein Gegenstück

Weiter oben im Kapitel haben Sie erfahren, dass die Dynamik zwischen den beiden Polen etwas sehr Sinnvolles ist. Das ist wohl der Grund, warum uns immer wieder unser Gegenstück begegnet.

Jasmin, ein Hagelsturm, erzählte uns in der Paartherapie, dass sie sich von Julius trennen möchte, weil: „Mit einer Schildkröte kann es einfach nicht lustig werden, da gibt es keine Freude, keinen Spaß, keinen Sex." Ein paar Monate später wechselte sie ihren Arbeitsplatz. Ihr neuer Chef war – eine Schildkröte, und zwar eine noch viel extremere als Julius. „Ich kann es kaum glauben", sagte sie. „Da will ich mich von Julius trennen, diesem schweigenden, unterwürfigen Menschen, und was passiert? Ich bekomme auch noch einen Chef, der mir keine Rückmeldung gibt, schweigt, mich beschwichtigt, wenn ich ihn konfrontiere. Jetzt ist mir klar: Ich muss mir meine Liebesbeziehung im Hinblick auf diese Dynamik ansehen!"

Das eigentliche Thema

Elena hat schon zweimal in der achten Schwangerschaftswoche ein Kind verloren. Nun ist sie wieder schwanger. Nach einer Untersuchung beim Gynäkologen trifft sie ihren Mann Peter zum Essen. Peter erzählt Elena von seinem anstrengenden Arbeitstag. Elena ist enttäuscht, dass er sie nicht fragt, wie die Untersuchung war, wo es doch so schwierig für sie beide ist, ein Kind zu bekommen!

Eine Weile versucht sie, ihre Enttäuschung zu verbergen, doch dann kann sie nicht mehr. In ihrer typischen Hagelsturm-Manier fragt sie: „Sag, meine Untersuchung beim Arzt ist dir wohl völlig egal, oder was?" Peter, ganz erschrocken, weil er das glatt vergessen hat, erstarrt, schweigt und beteuert im darauf folgenden Streitgespräch, wie leid es ihm tue. Peters

Unterwerfungsgesten bringen Elena nur noch mehr in Rage und sie bombardiert ihn mit Vorwürfen. Peter schweigt. Nach einigem Gezänk geht es nur noch um Vorwürfe. „Du redest nicht!", beschwert sich Elena. „Du bist so aggressiv!", ist Peters Kritik. Nur das eigentliche Thema, die problematische Schwangerschaft, ist verloren gegangen.

Das Ziel

Damit dieser Beziehungstanz nicht zu einer Abwärtsspirale wird, müssen Sie einen Weg finden, um über das eigentliche Thema sprechen zu können. Ein erster Schritt ist das Bewusstmachen des eigenen Stressmusters. Sind Sie Hagelsturm oder Schildkröte? Ziel ist, dass Sie lernen, auf den anderen zuzugehen. Als Hagelsturm können Sie zum Beispiel lernen, nicht mit allem gleich herauszuplatzen, sondern sich ein wenig zu entspannen. Und als Schildkröte können Sie lernen, mit Ihrer Partnerin zu kommunizieren, anstatt nur zu schweigen.

Es ist für jedes Paar wichtig, vor allem das Prinzip des Minimierers und Maximierers zu kennen. Denn viele Konflikte entstehen genau dadurch, dass sich einer zurückzieht und einer aus sich herausgeht. Gleichzeitig macht diese Dynamik eine Beziehung gerade so schön: Zwei Temperamente können gemeinsam genutzt werden, um Hürden zu überwinden und Ziele zu erreichen.

Um diesen Paartanz gut zu beherrschen, ist die folgende Vorgangsweise sehr hilfreich:

1. Selbsterkenntnis. Wenn man sich bewusst macht, welcher Typ man ist, kann man das eigene Verhalten besser erkennen und verstehen.
2. Die eigene Spezies wertschätzen. Das eigene Verhalten verändern kann man nur, wenn man es würdigt.

3. Die andere Spezies wertschätzen. Genauso wichtig ist, den Partner bzw. die Partnerin für das Anders-Sein zu würdigen. Im Konflikt ist das natürlich schwierig, doch in Momenten der Sicherheit und Nähe kann es gelingen. Eine Schildkröte ist wertvoll, weil sie geduldig und beständig ist und warten kann. Die Energie des Hagelsturms ist wichtig, weil sie etwas bewirkt und frischen Wind in die Beziehung bringt.
4. Ausgleich der Energien. Als Paar ist man maximal wirksam, wenn die Schildkröte lernt, mehr aus sich herauszugehen, und der Hagelsturm die Energie mehr in sich halten kann. Das ist zwar kein einfacher Weg, auf jeden Fall jedoch der langfristig effizientere. Die Alternative wäre, sich jemand anderen zu suchen. Nur: Die Wahrscheinlichkeit, dass Sie an ein ähnliches Gegenstück geraten, ist äußerst groß!
5. Unwillkürliches ist schneller als Willkürliches. Wir brauchen das Bewusstsein darüber, dass wir Menschen einen Gehirnteil haben, der schnell und instinktiv reagiert, wie in der Tierwelt. Wir gehen aufrecht, können Hochhäuser und Computer bauen, mit Raketen zum Mars fliegen und tolle Ideen und Visionen hervorbringen. Und doch gibt es Situationen, wo unser uraltes Hirn uns steuert, indem es unseren Verstand ausschaltet. Ein Hagelsturm wirft in einer Stresssituation seiner geliebten Partnerin Dinge an den Kopf, die er sonst nicht sagen würde und für die er sich im Nachhinein schämt. Das Unwillkürliche, das reflexartige Verhalten ist eben schneller als der Verstand, der einem sagt, dass es nicht angemessen ist, so aufbrausend zu sein.

Seien wir uns also immer bewusst, dass wir im Augenblick der Gefahr ein bestimmtes Stressverhalten an den Tag legen. Stress und Gefahr empfinden wir immer in Situationen der großen Unsicherheit. Es muss also das Ziel in einer Beziehung sein, den Grad der Sicherheit zu erhöhen, indem man Kontakt aufnimmt, dem anderen sein Ohr leiht, versteht und empathisch agiert. Und sollte es zu einem Stressverhalten kommen, dann können wir es nur dann verändern, wenn wir es uns bewusst machen und darüber nachdenken, wie es dazu gekommen ist. Dann können wir beim nächsten Mal adäquater reagieren.

Worum es wirklich ging

Sabine und Roland sind leicht den beiden Temperamenten zuordenbar: Sabine ist die Schildkröte, Roland der Hagelsturm.

„Ich habe mich zur Schildkröte entwickelt", sagt Sabine, „und das bei einer Mutter als Turbo-Hagelsturm und einem Vater als Turbo-Schildkröte. Mein älterer Bruder Thomas hat sich – natürlich unbewusst – dazu entschieden, ein Hagelsturm zu sein, und ich habe oft genug beobachtet, wie er mit unserer Mutter ganz ordentlich aneinandergeraten ist. Das ging sogar bis hin zu körperlicher Gewalt." Das war der Grund, warum Sabine beschloss, eine Schildkröte zu werden, denn diese Szenen zwischen Thomas und der Mutter haben natürlich Angst gemacht.

„Vielleicht war es auch ein Stück Loyalität zu meinem Vater, dass ich eine Schildkröte wurde. Ich habe ihn erlebt als jemanden, der sich unbeholfen bemüht hat, meiner Mutter ein guter Ehemann zu sein, der dennoch von ihr immer abgewertet wurde. Um ihm nahe zu sein und weil ich natürlich 50 Prozent meiner Gene von ihm habe, habe ich ihn mir zum Modell genommen."

„Ich war zu Hause viel alleine", erzählt Roland, „und habe mich auch in der Schule gegenüber meinen Mitschülern ausgeschlossen und alleine gefühlt. Ich erinnere mich an unseren Klassensprecher, wie der sich in Szene setzen konnte. Irgendwann beschloss ich wahrscheinlich, so stark zu sein und zu kämpfen. Ich wollte auch einmal zu den Ersten gehören, die für eine Fußballmannschaft ausgewählt werden."

Rolands Mutter war eine Schildkröte, der Vater der Hagelsturm. Der Vater war extrovertiert, er konnte zu Menschen rasch

Kontakt herstellen, während sich die Mutter eher im Hintergrund hielt. „Meine Mutter sagte immer, hinter jedem erfolgreichen Mann stehe eine erfolgreiche Frau. Ich hätte mir oft gewünscht, dass sie sich ein bisschen wichtiger nimmt. Für mich war damit von Anfang an klar: Mit der Energie hinauszugehen ist attraktiver und erstrebenswerter. Ich beschloss, ein Hagelsturm zu werden."

In der Szene zu Beginn des Kapitels wird nun klar: Es ging in diesem Gespräch um das Fernsehen und den Umgang mit Abmachungen. Doch im Laufe des Gesprächs kam ihnen das Thema abhanden. Es ging nur noch darum, dass Roland immer lauter wurde und Sabine verstummte. Als ihr Schweigen nichts mehr half, schaltete sie auf Unterwerfung. Das machte Roland noch rasender, und als er seine Emotionen gar nicht mehr aushalten konnte, flüchtete er.

Für Sabine und Roland hieß es, das Was und das Wie zu trennen. Einerseits sollten sie eine haltbare Vereinbarung zum Thema Fernsehen treffen. Andererseits mussten sie sich ihrer Grundtemperamente bewusst werden und einen Weg finden, wie sie besser miteinander umgehen konnten. Roland musste einsehen, dass sein hagelstürmisches Verhalten Sabine nur noch mehr in ihren Panzer kriechen lässt. Sabine musste verstehen, dass Unterwerfung sie kleiner macht, als sie ist. Wenn sie sich in ihrer wahren Größe zeigen will, muss sie lernen, sich auf Konfrontationen einzulassen.

Was Sie tun können

⊕ Sind Sie Schildkröte oder Hagelsturm? Was tun Sie zum Beispiel, wenn Sie am 24. Dezember am Vormittag auf der Einkaufsstraße nach den letzten Geschenken jagen und von jemandem gerempelt werden? Rempeln Sie wie ein Hagelsturm entnervt zurück oder weichen Sie aus wie eine Schildkröte? Erzählen Sie Ihrem Partner, Ihrer Partnerin, welcher Typ Sie sind.

⊕ Werfen Sie einen Blick auf Ihre Familie: Wer war Schildkröte und wer Hagelsturm? Wer hat dafür mehr oder weniger Anerkennung bekommen? Mit wem haben Sie sich besonders identifiziert oder wen haben Sie als Vorbild genommen?

⊕ Was ist Ihre größte Angst, wenn Sie zu Schildkröte oder Hagelsturm werden? Machen Sie sich dazu Notizen. Überlegen Sie, was Stress und Angst in Ihnen auslöst. Machen Sie ein Ranking: Welche Angst ist die größte, welche die geringste?

⊕ Was brauchen Sie von Ihrer Partnerin, Ihrem Partner, damit Sie sich sicher fühlen? Notieren Sie zehn Punkte, legen Sie eine Reihenfolge fest und tauschen Sie sich gemeinsam darüber aus. Denken Sie über die eigenen Bedürfnisse zur Sicherheit nach und lassen Sie auch Ihre Partnerin bzw. Ihren Partner erzählen. Danken Sie ihr bzw. ihm für die Bereitschaft zu erzählen.

⊕ Was bewundern Sie an Ihrer Partnerin aufgrund der Tatsache, dass sie Schildkröte bzw. Hagelsturm ist? Notieren Sie zehn Punkte. Schreiben Sie in den nächsten drei Tagen je einen Punkt auf einen Notizzettel und kleben Sie ihn an eine Stelle, die Ihre Partnerin, Ihr Partner täglich zu Gesicht bekommt, zum Beispiel auf den Badezimmerspiegel. „Mein lieber Hagelsturm, ich schätze an dir, dass du so viel in Bewegung bringst." Oder: „Meine liebe Schildkröte, ich schätze an dir, dass du so geduldig bist."

5. EIN EHRLICHER BLICK AUF DICH SELBST, BEVOR DU DEINEM MANN EIN BEZIEHUNGSBUCH SCHENKST
Ein Kapitel speziell für die Frau

„Sag mal, Sabine, ich möchte dich ja nicht beunruhigen", sagt Karin, Sabines Freundin, „aber findest du es nicht seltsam, dass Roland einfach so den Urlaub unterbricht, nur weil er angeblich bei der Therapiegruppe nicht fehlen darf?"

„Mir kommt das auch eigenartig vor", sagt Sabine und blickt ihre Freundin sorgenvoll an. „Glaubst du auch, dass er eine andere hat?"

Als Roland zwei Tage später in den Urlaub zurückkehrt, findet er zwei aufgebrachte Frauen vor, die ihn zur Rede stellen.

„Ich habe zugesagt, zu dieser Gruppe zu kommen, und außerdem musste ich etwas Dringendes für die Firma erledigen." Roland versucht, den beiden Paroli zu bieten, doch Sabine und Karin bleiben hartnäckig. „Du kannst uns nicht für blöd verkaufen. Du hast ein Verhältnis mit einer anderen Frau. Gib es zu!"

Roland blickt zuerst erschrocken und dann – dann gibt er klein bei: „Ja, ich gebe es zu. Es gibt eine andere Frau in meinem Leben."

Nun ist es an Sabine, erschrocken zu sein. „W-was?", stammelt sie. Und nach einer Weile: „Jetzt versteh ich, warum du das Beziehungsbuch nicht liest, das ich dir geschenkt habe. Du nimmst dir lieber eine andere Frau, anstatt dich mit uns zu beschäftigen."

Roland blickt betreten drein und es ist ihm alles andere als wohl in seiner Haut. Er versucht zu beschwichtigen.

„Ich habe so sehr gehofft, dass du anders bist als mein Vater", fährt Sabine fort. „Meine Mutter hatte tatsächlich Recht: Auf die Männer ist kein Verlass!"

"Glaubst du wirklich, das hilft jetzt weiter?"

"Mir hilft es. Meine Mutter war von Anfang an skeptisch dir gegenüber. ‚Schau genau hin, wen du dir da nimmst', hat sie gesagt. Eine gute Mischung aus meinen beiden Brüdern hätte ich mir nehmen sollen. Es liegt auf der Hand, dass du das nicht bist! Denn die hätten für mich immer Zeit gehabt. Was man von dir nicht behaupten kann."

"Na super, das brauch' ich jetzt. Dauernd vergleichst du mich mit deinen Brüdern und deinem Vater! Da kann ich gleich wieder heimfahren."

"Ja, gute Idee! Verschwinde nur, ich will dich nie wieder sehen!"

Darüber, was Frauen prägt, was sie tun und lassen, warum sie so sind, wie sie sind, kann man sehr viel erzählen, das Gleiche gilt für das Mann-Sein. In diesem Kapitel wollen wir dennoch ein paar Aspekte des Frau-Sein betrachten und Ihnen damit einige Anregungen geben. Es soll Ihnen ein wenig ins Bewusstsein bringen, wie Sie „gestrickt" sind und wie Sie mit sich selbst und Ihrem Partner besser umgehen können. Es ist auch sinnvoll, wenn Sie das anschließende Kapitel für den Mann lesen – allerdings nicht, um daraus Vorwürfe abzuleiten, sondern um eine neue Sichtweise kennenzulernen.

Die Beziehungsarbeit mache ja doch immer nur ich

Ein Blick in unsere therapeutische Praxis zeigt es ganz deutlich: Es sind immer wieder die Frauen, die ihre Männer in die Therapie „schleppen" wollen. Maria war so eine. Sie rief bei unserer Assistentin an und meinte: „Ich würde mich für eine Paartherapie interessieren, aber mein Mann wird sicher nicht wollen." Zum Glück machen wir regelmäßig Vortragsabende, an denen man ganz unverbindlich und anonym teilnehmen kann, und so kamen beide, Maria und Jürgen, in die Praxis.

Nach dem Vortrag kamen wir ins Gespräch. Jürgen fand unsere Informationen sehr interessant. „Obwohl ich ja eher wenig von diesen Dingen halte. Meine Frau kennt sich in Sachen Psychologie viel besser aus, sie hat mir auch einige Bücher zu lesen gegeben. Doch ehrlich gesagt, bei mir liegen sie immer nur auf dem Nachtkästchen herum. Meiner Frau zuliebe würde ich aber zu so einem Workshop kommen." Maria seufzte daraufhin: „Was soll ich mit einem Mann, der es mir zuliebe macht und nicht aus eigenem Antrieb?"

Liebe Frauen, seien Sie ehrlich zu sich selbst. Natürlich möchten Sie gerne etwas für Ihre Beziehung tun, und eine Paartherapie dafür in Erwägung zu ziehen, ist eine tolle Sache. Doch ist es nicht gleichzeitig sehr bequem, sich ein wenig hinter dem „Nein" des Partners verstecken zu können? In Wahrheit sind wir oft selbst ambivalent und sogar ein bisschen erleichtert, dass wir uns darauf verlassen können, dass unser Mann dagegen ist.

Es ist recht angenehm, sich in der aktiven Rolle zu zeigen. Dann allerdings, wenn der Partner einwilligt, werden die Karten neu gemischt. In dem Moment, in dem er „okay, machen wir das" sagt, spürt man als Frau die eigenen Ängste und Nöte. Nur dann ist es schwer zu kneifen!

Es macht einen großen Unterschied, ob Sie Ihre Beziehungsprobleme mit der besten Freundin besprechen oder in einer Einzeltherapie – oder mit Ihrem Partner bei einem Paartherapeuten! Ihrer Freundin können Sie alles Mögliche erzählen und sie wird viel Verständnis für Sie haben. Wenn Sie aber Ihrem Partner gegenübersitzen und ihm all Ihre Wünsche und Sehnsüchte darlegen, dann werden Sie Ihre Worte ganz anders wählen und Sie werden wissen, dass Ihr Partner nicht alles genauso sehen wird. Auch er wird Ihnen seine Ängste und Frusterlebnisse präsentieren, und auch damit müssen Sie lernen umzugehen. Außerdem gehen Sie mit diesem Mann anschließend nach Hause, wo das Therapiegespräch nachwirken wird. Mit einer Freundin zu reden, das ist wahrlich einfacher!

All die Frauen, die ihre Männer damit konfrontieren, eine Paartherapie zu machen, und damit einen Entwicklungsprozess initiieren, verdienen deshalb die größte Wertschätzung. Dasselbe gilt selbstverständlich für alle Männer, die die Initiative ergreifen. Gleichzeitig gebührt auch den zögernden Männern ein Stück Dankbarkeit. Nutzen Sie als Initiatorin diesen Aufschub dafür, die eigene Ambivalenz zu 100 Prozent zu klären – Sie werden staunen, welche Wirkung das haben kann! Und auch wenn er schließlich nur Ihnen zuliebe zustimmt, nehmen Sie seine Bereitschaft als Geschenk, denn die ist für den Anfang völlig ausreichend.

Ich hatte eine schwierige Kindheit

Um unsere Beziehung mit unserem Partner so gestalten zu können, wie wir es uns wünschen, ist es notwendig, sich der eigenen Herkunft bewusst zu sein. Das gilt genauso für Männer. Wir sollten es jedoch nicht dabei belassen, die Vergangenheit zu beleuchten. Kraft schöpfen wir, wenn wir anerkennen, was war, uns loslösen von Zwängen und mit unseren Ahnen Frieden schließen. Dann haben wir die Chance auf einen freien Blick auf unsere Zukunft.

Die Wertschätzung und der Dank gegenüber Ihrer Mutter und Großmutter ist Ihre Grundlage, auf die Sie Ihr Leben und Ihre Beziehung bauen können. Gerade unsere weiblichen Ahnen können uns so viel Kraft geben! Wertschätzend und dankbar zu sein, das hört sich für manche so leicht an, manche empfinden dabei einen bitteren Beigeschmack, weil in ihrer Kindheit viel Verletzendes passiert ist. Und es ist natürlich für viele alles andere als ein einfacher Prozess, Kränkungen, Ängste und Frustrationen aus der Kindheit aufzuarbeiten.

Was passiert, wenn Ihre Dankbarkeit gegenüber Ihrer Mutter und Großmutter nur oberflächlich oder indirekt ist? Sie laufen Gefahr, das Leben Ihrer Mutter unbewusst zu kopieren. Sie übernehmen Verhaltensweisen, die für Sie gar nicht stimmig sind. Ihre Mutter ist in einer ganz anderen Zeit und mit ganz anderen Problemen aufgewachsen. Sie hat vielleicht den Krieg miterlebt und hat Hunger und Armut überstehen müssen – ihr oberstes Ziel war das Überleben, und daran hat sie ihre Handlungen ausgerichtet. Als Tochter leben Sie heute in einer anderen Zeit, sind mit ganz anderen Ängsten und Nöten konfrontiert. Es ist daher dringend notwendig zu prüfen, ob das Verhalten, das Sie von Ihren Eltern gelernt haben, Ihrem Leben und Ihren Zielen zuträglich ist.

Wenn Sie sich schwer tun, auf Ihr Elternhaus mit Dankbarkeit zu blicken, denken Sie daran, dass Ihre Eltern das weitergegeben haben, was ihnen möglich war. Wenn Sie die Liebe Ihrer Mutter vermisst haben, dann lag es vielleicht daran, dass Ihre Mutter es ihrerseits nicht lernen konnte, Liebe zu zeigen. Wenn sie Sie immer wieder kritisiert hat, sodass sich Ihr Selbstwert nicht voll entfalten konnte, dann lag es möglicherweise daran, dass Ihre Mutter selbst immer gemaßregelt wurde und es nicht anders gelernt hat.

Auch wenn Sie das Gegenteil von dem leben, was Sie von Ihrer Mutter vorgelebt bekommen haben, sind Sie nicht frei – es scheint nur so. Sie sind genauso in einer Abhängigkeit zum Verhalten Ihrer Altvorderen, weil Sie eben das Gegenteil leben müssen und nicht das, was aus Ihrer Natur heraus und Ihrem Leben entsprechend das Richtige ist. Wenn Sie in der Lage sind, sich mit Ihrer Vergangenheit zu versöhnen und Ihre Mutter und Großmutter zu würdigen und dankbar zu sein, können Sie Selbstliebe viel leichter entwickeln und Ihr Leben und Ihre Beziehung nach Ihren Maßstäben gestalten.

Mein Mann hilft nicht im Haushalt

Emanzipation hin oder her, Frauen sind im Spannungsfeld von Beruf, Familie und Partnerschaft stark gefordert. Es ist noch immer gesellschaftlich anerkannt, dass der Mann seinen Schwerpunkt mehr im Job hat und die Frau bei den Kindern. Sehr oft hören wir in unserer Praxis, wie groß die Sehnsucht von Frauen ist, ein Gleichgewicht zu schaffen und für ihre Mühe als Frau, Mutter und Berufstätige Anerkennung zu bekommen.

„Du kümmerst dich nie um die Kinder", ist dann ein möglicher Vorwurf. Doch mit Vorwürfen erreicht man selten das, was man sich wünscht. Wenn Sie ein gleichwertiges Verhältnis zwischen sich und Ihrem Partner aufbauen wollen, dann verabschieden Sie sich von Vorwürfen. Beziehen Sie ihn stattdessen ins Familienleben ein. Statt „Du hilfst nie im Haushalt" bitten Sie ihn, beim nächsten Mal Staub zu saugen. Und – ebenso wichtig – vertrauen Sie darauf, dass er das schon richtig machen wird, auch wenn das Ergebnis nicht ganz so perfekt ist, wie Sie das erwarten.

Lernen Sie in diesem Zusammenhang auch die Vorbilder aus Ihren Vorgenerationen kennen: Inwieweit sind Sie wirklich frei, Ihren eigenen emanzipatorischen Weg zu gehen? Oft bleiben wir unbewusst hängen in den Werten unserer Mütter und Großmütter und können es schwer aushalten zu wissen, dass sie es nicht gutheißen würden, wenn unser Ehemann die Kinder hütet, während wir mit einer Freundin gemütlich essen gehen.

Wer ist besser – er oder ich?

Viele Frauen stecken in einem ständigen Kampf mit ihrem Partner, zum Beispiel weil er im Beruf erfolgreich ist und sie zeigen will, dass sie mindestens genauso gut ist wie er. Dahinter steckt oft, dass der Mann das lebt, was man sich als Frau selbst nicht erlauben kann. Oder man gesteht sich selbst nicht zu, diese bestimmte Kompetenz zu haben.

Nina und Kurt sind ein erfolgreiches, modernes Paar. Sie sind beide im selben Berufszweig tätig. Als sie zu uns in die Praxis kamen, beklagte sich Nina, dass ihr Mann sich viel besser durchsetzen kann als sie. Er würde viel geschickter verhandeln und könne seine Ideen viel besser umsetzen. Das machte sie oft missmutig. Wenn sie am Abend müde heimkam, provozierte sie darüber oft einen Streit. Statt zu sagen, wie unglücklich sie war, kritisierte sie Kurt und seine fehlende Unterstützung im Haushalt.

Später, nach einigen Therapiestunden, wurde Nina klar, dass sie ihm diesen Vorwurf deshalb machte, weil sie ganz sicher sein konnte, dass sie im Haushalt besser und geschickter war als er. Kurts Komplimente, er fände sie im Beruf viel kompetenter, verhallten ungehört.

In der Therapie empfahlen wir Nina, ihren Mann doch als Verbündeten zu betrachten und nicht als Konkurrenten. Und siehe da, in dem folgenden Dialog kamen die Wurzeln von Ninas Minderwertigkeitsgefühlen zutage. Als Nina noch ein Kind war, erlebte sie regelmäßig, wie ihr Bruder von der Mutter bevorzugt wurde. Wenn er etwas gut machte, wurde er gelobt. Wenn sie gute Noten von der Schule nach Hause brachte, war das selbstverständlich. Die Botschaft, die sich bei Nina festsetzte, lautete also: Die Männer können es besser. Noch etwas lernte Nina von ihrer Mutter: Man muss die Männer dafür kritisieren und abwerten. Denn Ninas Mutter schimpfte gerne über die Männer, die es ja „so viel leichter haben im Leben".

Umgekehrt erkannte auch Kurt, dass er seine Frau zu wenig unterstützt hatte. In mehreren Dialogen fanden sie einen neuen Weg: Nina sollte am Vortag des nächsten Kundengesprächs ihre Präsentation noch einmal mit Kurt durchgehen. Kurt konnte – entgegen Ninas Erwartungen – ihren Vorbereitungen jedoch nichts mehr hinzufügen, so gut war sie. Die

Präsentation war durch diese Rückenstärkung schließlich ein voller Erfolg.

Wenn Frauen ihre Männer als Verbündete betrachten, dann ist das viel wirkungsvoller, als zu konkurrieren. Dadurch können sie auch um Unterstützung bitten und ihre eigenen Stärken viel besser weiterentwickeln.

Ich bin nicht schön genug

Frauen sind mit ihrem Körper in einem viel höheren Maß unzufrieden als Männer. Sie haben immer etwas auszusetzen: Die Nase ist zu groß, die Haare zu glatt, der Busen zu klein, die Oberschenkel zu dick, die Zehen schief, die Schamhaare schlecht rasiert. Interessant ist jedoch: Die meisten Männer finden den Körper ihrer Frauen richtig und appetitlich. Meist finden die Männer gerade die Körperteile besonders schön, die die Frauen an sich so bekritteln. Ja, liebe Frauen, das ist tatsächlich so!

Warum sind Frauen so streng mit sich selbst und gegenüber den körperlichen Unzulänglichkeiten ihrer Partner viel milder? Sie machen zwar ihren Männern weniger Komplimente als umgekehrt, sagen aber auch kaum, wenn sie etwas stört. Nicht selten hören wir in der Paartherapie den Mann sagen: „Du hast mir noch nie gesagt, dass es dich stört, dass ich so schlecht trainiert bin."

Im Angesicht von Brustvergrößerungen, Schamlippenkorrekturen und anderen Selbstverstümmelungen stimmt es uns traurig, dass Frauen häufig ein so schlechtes Verhältnis zu ihrem Körper haben. Schönheitsoperationen sind ein großer Aufwand und haben trotzdem meist nicht die Wirkung, die man sich erhofft. Denn ein paar Falten weniger vergrößern sicher nicht die Liebe des Partners und eine Schamlippenkorrektur ruft meist keine Veränderung im Sexualleben hervor.

Natürlich ist es immer gut, wenn Sie auf Ihren Körper achtgeben. Halten Sie ihn in Bewegung, ernähren Sie sich gesund und tun Sie ihm immer wieder etwas Gutes. Seien Sie milde und liebevoll zu Ihrem Körper. Nehmen Sie ihn mit allen Besonderheiten und seien Sie ihm samt seiner vermeintlichen Makel dankbar, dass er Sie durch das Leben trägt.

Sexuelle Übergriffe

Leider haben viele Frauen Erfahrungen mit körperlichen Übergriffen machen müssen. Gerade bei heranwachsenden Mädchen ist dieses Thema so hoch sensibel, dass sich bereits unerheblich wirkende Erlebnisse negativ auswirken können. Es genügt, dass der Vater bloß die Fantasie hat, die Tochter wäre die bessere Frau als die Mutter. Das ist ein emotionaler Übergriff, und auch wenn kein körperlicher Zwang ausgeübt wird, ist es schlimm genug. Denn es reicht der verklärte Blick eines träumenden Vaters oder ein scheinbar harmloser Griff auf die Schulter, um die Tochter emotional zu verstören. Und es endet beim Schlimmsten, beim sexuellen Missbrauch.

Bitte erzählen Sie Ihrem Lebenspartner von diesen Geschichten und diesem Schmerz. Ersuchen Sie ihn, Sie in Ihrem Schmerz ernst zu nehmen und Sie in seinen Armen zu halten, wenn Gefühle und Tränen Sie überwältigen. Wenn Sie sich nicht sicher genug fühlen, holen Sie sich Hilfe durch eine Therapie. Ein in dieser Weise geheilter Schmerz kann in einer Beziehung so viel Sicherheit und Intimität schaffen, wie Sie nicht zu träumen gewagt haben.

Oft verdrängen Frauen diese Übergriffe. Sie tauchen dann in Form von Träumen auf oder beim Sex – und dann wissen weder die Frau noch ihr Partner, wie man damit umgehen kann. Welche Reaktion auch immer sie dann zeigt, der Mann könnte diese Gefühle auf sich beziehen und sich distanzieren.

Woher sollte er auch wissen, was tatsächlich dahintersteckt? Wenn Sie nicht mit ihm darüber reden, kann er die ungute Stimmung nur falsch interpretieren.

Genauso wichtig ist es, Ihrem Mann die eigenen Sehnsüchte und Wünsche in der Körperlichkeit zu kommunizieren. Wenn Ihr Mann weiß, dass Sie einen sexuellen Übergriff erlebt haben, wird er verunsichert sein, denn er möchte Sie nicht verletzen. Er braucht also Ihre Führung. Es ist für Sie beide gleichermaßen wichtig, den Unterschied zu begreifen zwischen dem Übergriff in der Kindheit und der Sexualität als Erwachsene. In der Kindheit ist man ausgeliefert, ohnmächtig, voller Schamgefühl und vielleicht auch noch voller Schuldgefühle. Beim Sex mit dem Partner kann man als erwachsene Frau selbst entscheiden, mitbestimmen, leidenschaftlich sein. Man ist dann nicht Opfer des Geschehens, sondern Gestalterin im Bewusstsein von Stärke, Kraft und Hingabe. Es gilt, gegenseitig die Grenzen zu entdecken und zu achten und sich entlang der gemeinsamen Wünsche und Sehnsüchte weiterzuentwickeln.

Er will immer nur das eine

Frauen brauchen das Gespräch, um sich verbunden zu fühlen, denn dann können sie Sexualität und Körperlichkeit haben. Es gibt wohl kaum eine Frau, die diese Behauptung nicht bestätigen würde. Wissen Sie als Frau aber auch, was Männer brauchen, um sich sicher und verbunden zu fühlen? Ja, es ist so: Männer brauchen den physischen Kontakt. Damit ist jedoch noch nicht gemeint, miteinander Sex zu haben, es reicht oft schon, zum Beispiel entsprechend mit Körperkontakt begrüßt zu werden.

Es gibt Männer, die es einem manchmal schwer machen, sie beim Begrüßen zu umarmen, weil sie missmutig sind oder wütend vor sich hin grollen. Doch wenn man die Arme um seine

Taille schlingt, entsteht oft ein Klima der Vertrautheit, und dann fällt es ihm viel leichter zu fragen: „Wie war dein Tag heute?" Das soll nun nicht bedeuten, dass Sie sich jede Laune gefallen lassen müssen. Niemand soll sich verbiegen müssen und etwas tun, was ihm widerstrebt. Was wir vielmehr sagen wollen, ist: Respektieren Sie, dass Männer anders gestrickt sind, wenn es darum geht, Sicherheit und Verbundenheit herzustellen.

Dass Männer oft den einfachen, klaren physischen Kontakt brauchen, entsteht dadurch, dass sie im Alltag wenig Körperkontakt haben. Frauen haben da die besseren Karten: Sie umarmen ihre Freundin, ihre Eltern, ihre Kinder – das ist bei Männern einfach weniger üblich. Dadurch entsteht auch der unbedingte Wunsch nach Sex, was Frauen dann als „er will ja doch immer nur das eine" abtun. In Wahrheit braucht er ganz generell mehr körperlichen Kontakt im Alltag – und den können Sie ihm geben: Halten Sie Händchen beim Spaziergang, ziehen Sie seinen Arm um Ihre Hüfte oder berühren Sie sein Knie unter dem Tisch beim Abendessen mit Freunden.

Männer wollen uns glücklich machen

Für die meisten Männer gibt es nichts Schöneres, als ihre Partnerin in Glück, Zufriedenheit und Leidenschaft zu erleben. Es gibt sogar Studien darüber, die diese Tatsache belegen. Das Problem ist nur: Sie wissen oft nicht, wie sie das anstellen können. In einem unserer Paarworkshops hat ein Mann diese Not perfekt auf den Punkt gebracht, er sagte: „Ich hätte gern einen Aktionsplan!"

Kennen Sie den Film von Woody Allen „Was Sie schon immer über Sex wissen wollten"? In diesem Film versucht ein Italiener verzweifelt, seine Frau zur sexuellen Zufriedenheit zu führen, und macht alles nach Anleitung eines Buches. Letztlich gelingt ihm das auch, Gott sei Dank! Doch bevor Sie Ihrem Partner nun ein Buch schenken: Sagen Sie ihm lieber selbst, was Ihnen wichtig ist – und zwar nicht nur im Bett, sondern ganz generell.

Verlassen Sie sich nicht darauf, dass er schon wissen wird, was Sie glücklich macht. Solcherlei Ratespielchen können in eine ganz falsche Richtung führen. Als Frau wissen Sie doch auch nicht immer genau, was Ihren Mann glücklich macht und was er sich gerade wünscht. Männer haben eben gerne einen Aktionsplan, also machen Sie ihm diese Freude – und sich selbst damit auch.

Worum es wirklich ging

Es ist sehr schlimm, wenn man erfährt, dass der Partner eine andere Frau hat. Sabine und Roland hatten bis zu diesem Zeitpunkt viele Machtkämpfe ausgetragen. Sie hatten die Phase gerade erfolgreich hinter sich gebracht – doch hatte Sabine vergessen, auf ihr Frau-Sein zu achten. Roland litt sehr darunter, dass es in der Beziehung keine Freude, keinen Spaß und wenig Intimität gab.

Stattdessen bekam Roland Beziehungsratgeber. „Ich bin mit dir als Mann nicht zufrieden" ist die Botschaft, die hinter einem solchen Geschenk steht, „verändere dich!" Sabine war beeinflusst durch das Männerbild ihrer Mutter: Auf Männer könne man sich nicht verlassen. „Ideale Männer gab es in meiner Familie mehrere. Da war einmal der Vater meiner Mutter. Er war der große, starke Mann. Seine Frau, eine Jüdin, war vom Holocaust gebrochen und hatte meine Mutter viel alleine gelassen. Doch der Vater war da, er hat quasi auch die Mutterrolle übernommen.

Als meine Eltern sich kennenlernten, hielt mein Vater dem strengen Blick meines Großvaters nicht stand. Er war nicht gut genug. Sie heirateten trotzdem – oder gerade deshalb – und es kam, wie es kommen musste: Sie trugen Machtkämpfe aus, und anstatt seine Frau zu konfrontieren, nahm sich mein Vater eine

Freundin. Ab diesem Zeitpunkt hat mir meine Mutter vorgelebt: Auf Männer ist kein Verlass."

Sabines Brüder waren die nächsten Idealbilder. „Alle Männer im Leben meiner Mutter wurden an meinem Großvater und an meinen beiden Brüdern gemessen. Also hab ich das auch gemacht, unbewusst. Und Roland hielt diesem Vergleich nicht stand. Also schenkte ich ihm Beziehungsratgeber, weil ich mir anders nicht zu helfen wusste. Ich wollte, dass Roland meinem Idealbild entsprach."

Durch Rolands Affäre wachte Sabine auf. Ihr wurde klar: Sie musste ihr Männerbild neu überdenken, anstatt sich gekränkt zurückzuziehen. Und ihr Frauenbild ebenfalls. „Ich begann darüber nachzudenken, was an mir alles fehlte, und ich mäkelte an meinem Körper herum. Rolands Freundin war bestimmt begehrenswerter. Doch meine Freundin Karin öffnete mir die Augen. Sie sagte: ‚Du bist eine wunderbare Frau und Roland hat es gut bei dir. Nur in manchen Dingen hast du dich bequem zurückgezogen. Das weißt du genau.' Da fiel es mir wie Schuppen von den Augen. Mein Mäkeln am eigenen Körper entsprach genau dem Frauenbild, das mir meine Mutter vermittelte. Meine Mutter hatte sich einmal sogar ihre braunen Haare blond gefärbt, bloß um mit der anderen Frau meines Vaters konkurrieren zu können."

Sabine traf trotz aller Kränkung damals eine wichtige Entscheidung: Sie war bereit, genau hinzuschauen. Sie wollte herausfinden, was dazu geführt hatte, dass eine andere Frau Platz in ihrer Beziehung bekommen konnte. „Was kann Roland mit dieser Frau leben, was er mit mir in letzter Zeit nicht lebt?", war die entscheidende Frage.

Auch Roland hatte kein wirkliches Vorbild, das ihm gezeigt hätte, wie man seine Partnerin konfrontiert, wenn sie sich innerlich zurückzieht und ihr Frau-Sein an den Nagel hängt. „Es reicht nicht, dass du mir ein Beziehungsbuch schenkst", sagte er, als sie ihre Beziehung neu überdachten, „ich brauche dich als Frau.

Ich weiß, ich habe dich sehr verletzt. Hätte ich gewusst, was in mir ablief, dann hätte ich dich bestimmt anders konfrontiert. Bitte vergib mir." Gemeinsam fanden sie heraus, was genau in der Beziehung fehlte und wo sie sich beide weiterentwickeln mussten, um eine gemeinsame Zukunft zu haben.

Was Sie tun können

⊕ Welche Rollenbilder hat Ihnen Ihre Mutter vermittelt? Welches Partnerschaftsbild haben Ihnen Ihre Eltern vermittelt? Was hat Ihnen Ihre Mutter vermittelt, wie man mit einem Mann umgehen soll? Überlegen Sie, welche Vorurteile Ihnen Ihre weiblichen Vorfahren mit auf den Weg gegeben haben. Was ist Ihnen aufgrund Ihrer Familienstruktur und Ihrer Familientradition verboten, mit einem Mann zu leben? Was wird besonders gewünscht zu leben? Was hat Ihnen Ihre Mutter über Sexualität im Grundsätzlichen vermittelt?

⊕ Entdecken Sie Ihren Körper. Stellen Sie sich nackt vor den Spiegel und schauen Sie dorthin, wo Sie an Ihrem Körper etwas besonders schön finden. Spüren Sie Ihre Dankbarkeit dafür: für Ihren schönen Busen, für Ihren Bauch, für Ihre Beine. Bedanken Sie sich bei Ihrem Körper, dass er Sie durch das Leben trägt.

⊕ Beobachten Sie, wie Sie Ihren Partner begrüßen und ihm begegnen und probieren Sie neue Formen aus, vor allem einen physischen Kontakt herzustellen, der Ihre Liebe ausdrückt (aber nicht nur Sex).

⊕ Erkennen Sie Ihre eigenen Bedürfnisse. Machen Sie eine Liste mit Dingen, die Sie in der Beziehung nicht mehr wollen, und stellen Sie Dinge gegenüber, die Sie in Ihrer Beziehung

stattdessen wollen. Letzteres sollte idealerweise positiv formuliert werden. So schreiben Sie zum Beispiel anstatt „Ich will von dir nicht in den Hintern gezwickt werden" den positiven Satz: „Ich bitte dich, wenn du Lust hast mich anzufassen, mich fest und eindeutig zu berühren."
Versuchen Sie, mit Ihrem Partner ein Gespräch darüber zu führen. Erzählen Sie ihm vor allem, was Sie in der Beziehung neu oder anders haben möchten. Beginnen Sie das Gespräch mit einer Wertschätzung.

⊙ Schreiben Sie auf, wofür und in welcher Form Sie Wertschätzung, Liebe und Anerkennung von Ihrem Partner bekommen. Machen Sie auf einer Skala von 1–5 (1 ist besonders leicht, 5 ist besonders schwer) eine Einschätzung, wie gut es Ihnen gelingt, diese Liebe auch anzunehmen. Dort, wo es Ihnen besonders schwer fällt, machen Sie mit sich selbst einen Übungsplan, wie es gelingen könnte, diese Wertschätzung und Liebe besser anzunehmen.

⊙ Welche Auswege finden Sie, um mit Ihrem Partner nicht zu reden? Was könnte ein erster Schritt sein, um eine direkte Kommunikationsform zu finden? (Siehe auch Kapitel 7)
Wenn Sie sich in einem Gespräch mit Ihrer Freundin dabei ertappen, dass Sie sich über Ihren Partner auslassen, versuchen Sie lieber, über sich selbst zu sprechen. Die Solidarität Ihrer Freundin hilft Ihnen nur begrenzt und nicht auf Dauer und schafft keine Wachstumsreize oder eine Form der neuen Verbindung.
Überlegen Sie, ob Sie manchmal auch an andere Männer denken und entsprechende Fantasien haben. Warum kommen diese Fantasien? Könnten sie auch mit Ihrem Partner gelebt werden?

6. ENTDECKE DEINE GEFÜHLE UM DEINER SELBST WILLEN UND DEINE FRAU WIRD ES DIR DANKEN
Ein Kapitel speziell für den Mann

„Hast du dir eigentlich schon einen Termin bei einem Psychotherapeuten ausgemacht? Du hast vor einigen Wochen gesagt, dass du eine Therapie beginnen willst."

„Ach, du immer mit deiner Therapie! Geh du zu deiner Therapeutin, schließlich bist du neurotisch, aber lass mich damit in Ruhe!"

„Roland, du hast doch zum Beispiel erst gestern erzählt, wie sehr du dich überfordert fühlst. Du hattest Tränen in den Augen und hast dich gefragt, ob das wirklich deine Berufung sein soll."

„Das hab ich gesagt? Ich kann mich nicht erinnern."

„Liebling, das war erst gestern! Ich liebe dich viel zu sehr, als dass ich einfach zusehen kann, wie du so viel auf deinen Schultern trägst. Eine Therapie würde dir das Leben leichter machen."

„Da wird doch immer nur alles zerredet und in der Vergangenheit herumgestochert. Ich finde, man sollte die Vergangenheit ruhen lassen."

„Das sehe ich nicht so. Die Zukunft braucht auch eine Herkunft. Wenn du Antworten für deine Zukunft suchst, findest du sie in der Therapie, und dabei wirst du sicher auch einen Blick auf deine Vergangenheit werfen."

„Außerdem habe ich keine Zeit dafür. Ich muss in der Firma auf das neue Vertriebssystem umstellen, das ist viel wichtiger."

„Du bist wichtig, Roland! Mach es nicht für mich, sondern für dich selbst!"

„Übrigens, hab ich dir eigentlich von meinem neuen Hausarzt erzählt? Ich hab ihm gesagt, dass ich einen Rhetorikkurs machen möchte, weil ich mich oft so unsicher fühle, wenn ich vor

Gruppen sprechen soll. Er hat auch gemeint, es wäre gut, wenn ich eine Therapie machen würde. Er hat mir auch einen Folder mitgegeben, da werde ich mich vielleicht anmelden."

„Na klar, wenn dir eine Autorität zur Therapie rät, dann ist das natürlich etwas ganz anderes, als wenn ich dir diesen Rat gebe."

Es wäre vermessen zu behaupten, das typische Mann-Sein ließe sich in einem einzigen Kapitel beschreiben. Außerdem lassen sich alle Männer natürlich nicht über einen Kamm scheren, schließlich ist jeder Mensch verschieden. Dennoch wollen wir in diesem Kapitel ein paar Aspekte herausgreifen, die in unserer Praxis besonders häufig thematisiert werden. Wir wollen sie ein wenig beleuchten und Vorschläge unterbreiten, wie man in manchen Situationen besser agieren könnte.

Wir laden Sie, lieber Leser, ein, auch das vorige Kapitel für die Frau zu lesen; nicht, damit Sie mehr Stoff haben, um in Ihrer nächsten Männerrunde über Frauen herzuziehen, sondern um eine andere Sichtweise zu gewinnen und zu versuchen, die Welt durch eine andere Brille zu betrachten.

Immer diese Gefühlsduselei

Werfen Sie manchmal einen ehrlichen, kritischen Blick auf Ihr Leben? Leben Sie Ihre Beziehung so, wie Sie sich das immer gewünscht haben? Wann haben Sie sich zuletzt gefragt, was Sie selbst dazu beitragen, dass nicht alles so ist, wie Sie es sich wünschen?

Leider haben die meisten Männer nicht gelernt, sich mit solchen Fragen auseinanderzusetzen und ihren Gefühlen Ausdruck zu geben. „Ein Indianer kennt keinen Schmerz" ist für viele Männer das Motto, mit dem sie ihre Emotionen unter der Decke halten. Dabei geht das eigene Innehalten verloren, das uns spüren lässt, wie das Leben derzeit verläuft. „Reden ist

Silber, Schweigen ist Gold" ist eine weitere Überzeugung, mit der Männer ihre Gefühle unterdrücken.

Andere haben das Glück, auch feminine Werte vermittelt bekommen zu haben, doch ihnen kann wiederum die männliche, starke Seite fehlen. Ein Mann sagte einmal in der Paartherapie: „Früher war ich ein Macho, das hat meiner Frau und letztlich auch mir nicht gefallen. Jetzt bin ich ein Softie und noch immer passt es nicht. Ich kenn mich nicht aus."

Man kann seine eigenen Sehnsüchte und Erwartungen nur selbst erfüllen, wenn man sie vorher genau betrachtet. Liebe Männer, wenn Sie zufriedener leben wollen, brauchen Sie den Mut hinzuschauen, was wirklich wichtig ist. Das erfahren Sie wiederum dann, wenn Sie sich selbst gut kennengelernt haben. Deshalb machen Sie sich ein großes Geschenk, wenn Sie sich mit Ihren Gefühlen vertraut machen und sich Ihrer Geschichte bewusst werden, die Sie zu dem gemacht hat, der Sie heute sind.

Niemandem hilft es, Gefühle kleinzureden oder gar unter den Teppich zu kehren. Wir leben dadurch an unserem Kern vorbei. Die Auseinandersetzung mit der eigenen Geschichte, mit der Kindheit und mit all den schönen und auch problematischen Erinnerungen ermöglicht jedem, dass er sein Leben authentisch, intensiv und selbstbestimmt leben kann. Es ist nicht nur zulässig, sondern sogar wünschenswert, dass wir uns bei den Frauen ein bisschen was abschauen, weil sie meistens gut gelernt haben, mit Gefühlen umzugehen. Bitten Sie Ihre Partnerin, Sie dabei zu unterstützen – das wäre ein erster großer Schritt!

Wie der Vater, so der Sohn?

Unsere männlichen Vorfahren sind unsere Vorbilder, an denen wir uns von klein auf orientieren. Das ist oft schwierig, denn entweder sind diese Vorbilder irritierend oder in der heutigen Zeit nicht mehr passend. Oder unsere Väter glänzten durch

Abwesenheit, was zwar in gewisser Weise auch ein Vorbild ist, jedoch keines, nach dem wir gut leben können.

Manche haben den Drang, ihren Vater zu kopieren, andere wollen um jeden Preis nur ja nicht so werden und suchen nach dem gegenteiligen Verhalten. Das Problem dabei ist: Egal, ob Sie dasselbe oder das gegenteilige Verhalten übernehmen, es ist vermutlich nicht das, was wirklich stimmig ist. Sie sind schließlich keine Kopie des Vaters, sondern haben eine eigene Persönlichkeit, die nicht nur vom Vater, sondern auch von der Mutter und Ihrem Umfeld geprägt wurde. Nicht zuletzt leben Sie auch in einer anderen Zeit, die Sie mit ganz anderen Herausforderungen konfrontiert: Frauen haben ein anderes Selbstverständnis, die Männerrolle in Familie und Gesellschaft ist eine andere, im Beruf werden verstärkt soziale Fähigkeiten gefordert, die Kinder haben mehr Freiheiten.

Es lohnt sich also auf jeden Fall, wenn Sie Ihr eigenes Männerbild entwerfen. Es ist nicht alles gut, was Ihnen vorgelebt wurde, es ist auch nicht alles schlecht. Um herauszufinden, was für Sie adäquat ist, ist es hilfreich, auf die Männer in Ihrer Familie zu blicken und zu prüfen: Was haben Sie unbewusst übernommen, was Sie gar nicht wollten? Welche Stärken haben Ihre Vorfahren ausgelebt, die bei Ihnen brachliegen?

Echte männliche Identität bedeutet, dass Sie genau wählen, was Sie in Ihr Leben integrieren möchten und was nicht. Hans zum Beispiel erzählte uns, dass sein Vater seine Mutter immer anbrüllte – und er beschloss unbewusst, seine Frau nie anzuschreien und immer liebevoll zu sein. Dabei vergaß er jedoch, Grenzen zu setzen. Wenn es Konflikte gab, zog er sich gerne zurück. Seine Frau, ein echter Hagelsturm (siehe Kapitel 4), wollte Hans aber erreichen und ihn spüren und wurde immer heftiger. Bis Hans eines Tages laut wurde und seine Frau anschrie – und dann sehr erschrocken war, weil er nun doch so geworden war wie sein Vater. Er schämte sich dafür und war dann sehr verwundert, als seine Frau froh war über seinen Wutausbruch, denn endlich konnte sie seine Grenzen spüren.

Es reicht also nicht zu beschließen, anders als der Vater zu sein, das ist zu wenig. Hans wollte nicht aggressiv sein, doch es wäre wichtig gewesen, genau zu unterscheiden zwischen Aggression und Standfestigkeit. Der Frau seine eigene Meinung zu sagen, ist nur dann aggressiv, wenn man sich im Ton vergreift. Doch so genau hat Hans nicht hingesehen. In der Paartherapie konnte er dann genau definieren, was er von seinem Vater nicht übernehmen und was er stattdessen für sich entwickeln wollte. Gemeinsam mit seiner Frau lernte er, Grenzen zu setzen und damit seine Standfestigkeit zu demonstrieren, ohne aggressiv zu werden.

Ich mache es meiner Frau zuliebe

In unserer Praxis hören wir es regelmäßig: „Ich bin nur meiner Frau zuliebe in die Paartherapie gekommen." Und fast genauso häufig hören wir dann die Frau sagen: „Wenn er es nur mir zuliebe macht, dann brauch ich es gar nicht." Die Sache ist die: Als Mann brauchen wir oft den Antrieb der Frau. Und egal, aus welchen Motiven wir uns schließlich dazu bereit erklären, etwas für die Beziehung zu tun – es ist doch immerhin ein Anfang! Es ist ein Liebesbeweis, dass wir uns auf etwas Neues einlassen wollen, das uns vielleicht suspekt ist, und es gebührt den Männern großer Dank, wenn sie zu diesem Schritt bereit sind.

Viele Männer zögern diesen ersten Schritt jedoch gerne hinaus, manche machen ihn auch nie. Wenn Sie das nächste Mal von Ihrer Partnerin gefragt werden: „Machst du es mir zuliebe?", und Sie den Impuls zu einem Nein haben, dann schließen Sie zunächst die Augen, bevor Sie ihr antworten. Überlegen Sie: Es hat in Ihrem Leben wahrscheinlich oft Situationen gegeben, wo Sie nicht lange gezögert hätten, um Ihrer Partnerin etwas zuliebe zu machen. Vielleicht war das in der ersten Phase der Verliebtheit, als Sie sie umworben haben, vielleicht auch später. Und jetzt, wo Sie vielleicht in einer schwierigen Phase Ihrer Beziehung stecken, wollen Sie es nicht ihr zuliebe tun?

Wenn in Ihrem Job ein Projekt zu scheitern droht oder es Probleme gibt, würden Sie bestimmt alles daran setzen, um die Ursachen herauszufinden und daraus Handlungsalternativen abzuleiten, die Ihr Projekt doch noch zum Erfolg führen. Wenn Ihre Partnerin Sie um eine Paartherapie bittet, dann will sie im Grunde dasselbe: Sie will die Beziehung in einen sicheren Hafen steuern. Wenn Sie eine Therapie also nicht ihr zuliebe machen wollen, dann tun Sie es sich selbst zuliebe: um zu erkennen, wo Sie gerade mit ihr verstrickt sind, und sich selbst ein Stück besser kennenzulernen. Und wenn Ihre Frau dann sagt: „Siehst du, ich habe dir gleich gesagt, dass uns die Therapie guttut", dann sehen Sie es nicht als Vorwurf, sondern danken Sie ihr, dass sie den Impuls dazu gegeben hat.

Erst wenn mir das Wasser bis zum Hals steht, lasse ich Hilfe zu

Als Simon und Erika zu uns in die Paartherapie kamen, erzählte uns Erika, dass sie seit zehn Jahren versuchte, ihren Mann dazu zu bringen. Doch erst jetzt war er zur Therapie bereit. Der Grund: Simons Arzt hat bei ihm eine schwere Krankheit diagnostiziert. Da fiel es ihm plötzlich „wie Schuppen von den Augen". Wie Recht sie doch hatte, dass es gut wäre, etwas für sich zu tun! Jetzt, im Angesicht der schweren Krankheit, bekam sein Leben eine ganz andere Perspektive und er war bereit, auf das Beziehungsproblem einzugehen und genauer auf sein Leben zu blicken.

Gerade Männer brauchen meist die Krise, um bereit zu sein, sich auf die Gefühlswelt einzulassen. Und oft muss es so weit kommen, dass die Frau sagt: „Ich liebe einen anderen." Erst dann sind sie offen und können das „Risiko" eingehen. Bei Simon war die schlimme ärztliche Diagnose nicht das Ende. Mit Hilfe seiner Frau und einigen Therapiesitzungen gelang es, wieder in Kontakt miteinander zu kommen. Simon wurde wieder gesund – und ihre Beziehung erreichte eine neue, tiefere Verbindung.

Stundenlang redet sie über dasselbe

Männer haben gerne Lösungen parat. Sie hören sich ein Problem an – und schon denken sie darüber nach, wie man es lösen könnte. Es ist für sie oft unverständlich, dass Frauen über ein- und dasselbe Thema stundenlang reden können, ohne auch nur einen Lösungsansatz zu formulieren.

Selbstverständlich denken auch Frauen lösungsorientiert. Und doch haben sie die Tendenz, sich ausführlich „auszuweinen". Das größte Geschenk, das Sie Ihrer Partnerin also machen können, ist, dass Sie ihr einfach zuhören und Ihr Verständnis bekunden. Reden entspannt die meisten Frauen. Denn erst dann, wenn sie sich wertgeschätzt und bestätigt fühlen, sind sie bereit, über Lösungen zu reden. Vielleicht finden sie dann selbst einen Weg, vielleicht nehmen sie auch Ihre Vorschläge dankbar an.

Es erfordert ein wenig Übung, sich zurückzunehmen und stattdessen nur Verständnis zu zeigen. Doch das Schöne ist, dass man umso besser wird, je öfter man es übt. Überlegen Sie einmal, wie anstrengend es für Sie ist, Ihrer Frau stundenlang zuhören zu müssen. „Meine Frau kann stundenlang über Gefühle reden", sagen Männer dann, „ich kann gar nicht mehr wirklich zuhören. Ich sage dann nur noch ,ja, ja'." Wie viel können Sie sich sparen, wenn Sie ihr stattdessen zehn Minuten lang aktiv zuhören! Das spart nicht nur Zeit, sondern schafft auch eine tiefe Verbindung zwischen Ihnen.

Meine Kindheit war doch perfekt!

Manche Männer gewinnen den Eindruck, ihre Frauen wollten ihnen bloß Probleme einreden, wenn sie sie auf ihre Kindheit ansprechen. Männer neigen dazu, ihre Kindheit dann zu verteidigen: „Ich habe die glücklichste Kindheit gehabt, die es gibt. Bitte hör auf, mir immer wieder zu sagen, ich hätte Probleme mit meiner Familie!"

Wie kommen Frauen bloß auf diese Idee? Wollen sie den Mann verletzen? Nein. Sie wollen helfen, nur sind sie bei der Wahl der Mittel manchmal unbeholfen. Im Grunde genommen wollen Frauen ihre Männer dazu animieren, sich wirklich selbst zu finden. Sie wollen, dass sie ihre männliche Identität finden, damit sie sich ihnen als Frau hingeben können.

Patrizia war von ihren Eltern sehr verletzt und abgewertet worden. Sie beobachtete daher mit Argusaugen, wie Hannes' Eltern mit ihm umgingen. Und es gab durchaus Dinge, die ihr missfielen. In der Paartherapie griff sie ihren Mann Hannes sofort an: Er würde ständig seine Eltern verteidigen, anstatt einmal genauer hinzusehen. Für Hannes waren Patrizias Angriffe hingegen nur noch ein Grund mehr, sich auf keinen Fall mit seiner Kindheit auseinanderzusetzen.

Schließlich tat er es doch und es stellte sich heraus, dass er von seinem Vater sehr abgewertet wurde. Hannes' Mutter war mit ihrem Mann unglücklich, und so schenkte sie all ihre Liebe ihren Kindern. Damit entstand für Hannes das Gefühl einer glücklichen Kindheit, er verdrängte den Schmerz, den ihm die Abwesenheit seines Vaters bescherte. Hannes hörte auf, seine Kindheit zu verteidigen, und war bereit, sich mit seiner Vergangenheit auseinanderzusetzen. Und so konnte auch Patrizia sich entspannen. Sie hörte auf, Hannes Vorwürfe zu machen und wendete sich ihrer eigenen Geschichte zu – denn jetzt fühlte sie sich als Verbündete, als Gleichberechtigte!

Meine Frau ist so mächtig

Saskia und Alexander kamen mit einem wahren Klassiker zu uns: Saskia war zu Hause bei den Kindern. Sie war den täglichen Belastungen alleine ausgesetzt. Alexander, im Beruf total gefordert, hatte wenig Verständnis für das Familienleben. Saskia fühlte sich nicht wertgeschätzt und sagte am Abend zu ihm: „Es wird täglich später, willst du gar nicht mehr nach Hause kommen? Interessierst du dich gar nicht für mein Leben?" Saskia, eine sehr selbstbewusste, emanzipierte Frau, blieb ihrem Wunsch nach Beziehung, Bindung und Gemeinsamkeit treu und formulierte das unmissverständlich und direkt. Alexander sagte bei uns in der Therapie: „Meine Frau ist so mächtig. Wenn ich nicht pünktlich nach Hause komme, habe ich richtig Angst."

Alexander vergaß vereinbarte Anrufe, kam zur falschen Zeit zum vereinbarten Treffpunkt oder tanzte auf einer Party nur mit anderen Frauen. In der Therapie erkannte er dann: „Jetzt ist mir klar, all diese kleinen Handlungen waren indirekt aggressives Verhalten, aber ich konnte mich gegen meine Frau nicht anders wehren. Ich habe mich eingesperrt, bevormundet und dominiert gefühlt." In den Sitzungen ging Alexander seiner Geschichte auf den Grund.

Saskia war Alexander sehr dankbar, dass er mit ihr diese Therapie machte, und half ihm auf der Suche nach seiner Geschichte. Alexander war ein recht trauriger Bub. Seine Mutter war unglücklich, weil sich sein Vater kurz nach seiner Geburt von der Familie verabschiedete. Der kleine Alex empfand auch die Trauer seiner Mutter, gleichzeitig bekam er ihre Dominanz zu spüren, weil ihre Mutterliebe manchmal über das Ziel hinausschoss und in Überwachung ausarten konnte. Bei einer Sitzung sagte er: „Ich glaube, ich war damals auch schon wütend, doch ich sah auch, wie schlecht es meiner Mutter ging. Sie hat meinen Vater doch so geliebt und er hat sie so verletzt. Da konnte ich als Sohn sie doch nicht auch enttäuschen."

Was der kleine Alex damals erlebte, ist das Fundament für das Leben des heutigen, großen Alexanders. Eigentlich hatte er eine riesige Wut auf die Frauen, weil er sein Leben nicht wirklich so leben konnte, wie er wollte – als Kind nicht und jetzt als Erwachsener auch nicht. Er sagte zu Saskia: „Jetzt ist mir klar: Wenn ich zu spät komme oder einen Termin übersehe, dann respektiere ich deine Gefühle und deine Leistungen nicht. Doch ich konnte die Wut auf meine Mutter nicht anders ausleben."

Deswegen ist es so wichtig, dass Männer sich bewusst werden, wo und warum sie aggressiv agieren. Sie tun vordergründig alles für die Familie, verdienen zum Beispiel Geld für ein gutes Leben, doch in der Beziehung verlieren sie den Kontakt zu sich selbst und zur Partnerin. Doch es geht darum, den Ursprung von Wut und Aggression zu entdecken und aufzulösen. Das heißt nicht, die Mutter schlecht zu machen, denn Mütter geben ihr Bestes, was aufgrund ihrer eigenen Geschichte möglich ist.

Die Verantwortung kann man weder der eigenen Mutter noch der Ehefrau überstülpen. Man kann sie nur selbst übernehmen, indem man sich die eigenen Emotionen bewusst macht. Aggression ist im Grunde ein gutes Gefühl, sie zeigt, dass Energie da ist, die sinnvoll eingesetzt werden will. Es gilt, diese Energie in eine Kraft umzuwandeln, die der Beziehung nutzt und dient.

Vorsicht, das ist ein Test

„Das nächste Mal, wenn du an mich denkst, schickst du mir eine Nachricht, okay?" – Vorsicht, liebe Männer, das ist ein Test! Oder auch: „Wenn du mich wirklich liebst, wirst du mich sicher demnächst überraschen." Und auch das ist ein Test: „So, wie es mit unserer Beziehung aussieht, sehe ich keine

Zukunft. Ich will mich trennen." Das Problem ist: Männer verstehen diese Aussagen oft nicht als Test. Denn im Grunde genommen stecken Fragen hinter diesen Aussagen: Bleibst du auch wirklich bei mir? Stehst du auch in der Krise zu mir? Bist du bereit, für unsere Beziehung zu kämpfen, auch wenn ich alles hinwerfen will?

Iris und Gerhard kamen zu uns in einen Imago-Paarworkshop. Gegen Ende gab es eine Übung, in der wir die Paare einluden, in Gedanken eine Visionsreise zu machen – eine Reise in die Zukunft, wie sie aussehen sollte. Iris konnte kein Visionsbild finden und sie sagte zu Gerhard: „Ich habe uns in meiner Visionsreise eher getrennt erlebt." Gerhard fiel aus allen Wolken und erzählte, dass er kein klares Bild hatte. „Ich hab's gewusst", sagte Iris, „wir haben keine gemeinsame Zukunft!"

Zwei Wochen später kamen die beiden zu uns und berichteten von ihrer Absicht, sich zu trennen. Gemeinsam gingen wir der Geschichte auf den Grund. Die Kindheit von beiden war geprägt vom Verlassen-Werden, und so konnten sich beide auch nur schwer vorstellen, tatsächlich eine Zukunft als Paar zu haben. Daher hatten beide kein klares Visionsbild und interpretierten dies auch entsprechend. Und da machte Iris den Test, den Gerhard nicht bestand. Gerhard hätte um die Beziehung kämpfen müssen, doch das tat er nicht aufgrund seiner eigenen Geschichte. Zum Glück konnte das in den Paarsitzungen geklärt werden, sodass beide in der Lage waren, eine gemeinsame Vision zu entwickeln.

Auch Männer testen, nur tun sie das anders. Wenn Sie spät nach Hause kommen und Ihre Frau ist trotzdem freundlich und gönnt Ihnen die Freiheit, dann hat sie den Test bestanden. Wenn Sie ihr von einem erfolgreichen Projekt erzählen, das Ihnen am Ende eine fette Prämie beschert, und Ihre Frau wertet das ab, dann hat sie den Test nicht bestanden. Gehen Sie also nicht nur den Tests Ihrer Frau, sondern auch Ihren eigenen auf den Grund!

Worum es wirklich ging

Als das Gespräch vom Beginn dieses Kapitels stattfand, war Roland sehr damit beschäftigt, seine eigene Kindheit zu verteidigen. Roland wuchs in einem Umfeld auf, wo es zwar gut war, Gefühle zu spüren, doch sie auszudrücken, hatte keinen Platz. Wenn Roland seine Mutter um Geschichten über den Krieg und über die Gefangenschaft des Vaters bat, hörte er immer: „Darüber sprechen wir nicht, das tut dem Papa nicht gut, wenn wir über den Krieg reden."

„Doch auf lange Sicht tat es mir nicht gut, Gefühle so sehr zu unterdrücken. Mein Hausarzt war es, der mir endlich verständlich machte, dass ich da etwas tun musste und am besten eine Therapie beginnen sollte. Auch wenn meine Frau mir das sicher vorher schon oft genug gesagt hat – man war in meiner Familie autoritätsgläubig, und so konnte ich den Rat des Arztes besser akzeptieren. Außerdem schaffte er es, mir das so verständlich zu machen, dass ich ihn ernst nehmen konnte."

Roland wuchs mit fünf Frauen auf: seiner Mutter, der Kinderfrau und seinen drei Schwestern. Das half ihm sicher, schon früh eine gewisse Sensibilität zu entwickeln. In der Therapie wurden seine sensiblen Seiten geweckt. Somit konnte er das alte Muster verabschieden und quasi eine neue Familientradition beginnen, in der Gefühle willkommen sind.

Was Sie tun können

⊖ Wann haben Sie Ihrer Partnerin das letzte Mal gesagt, was Sie an ihr besonders lieben? Machen Sie sich eine Liste von zehn Dingen, die Sie ihr sagen könnten, und kommunizieren Sie ihr in den nächsten zwei Wochen täglich eine Wertschätzung. Überlegen Sie auch, womit Sie Ihre Frau in den nächsten Tagen oder Wochen überraschen könnten (siehe auch Kapitel 10).

⊕ Neigen Sie dazu, Ihre Kindheit zu verteidigen? Dann beantworten Sie sich selbst diese Frage: Wem nutzt es, dass Sie sie verteidigen? Ihnen selbst, Ihren Eltern, den Großeltern, Ihren Geschwistern, Ihrer Frau? Fragen Sie bei nächster Gelegenheit Ihren besten Freund, ob er ähnliche Erfahrungen gemacht hat.

⊕ Wann haben Sie Ihrer Frau das letzte Mal wirklich zugehört? Wann haben Sie zum letzten Mal gesagt: „Erzähl mir, ich höre dir zu!" Laden Sie Ihre Frau zu einem Gespräch ein und zeigen Sie ihr, dass Sie Verständnis haben. Vielleicht schaffen Sie es auch, sie zu spiegeln (siehe Kapitel 1).

⊕ Hat Ihre Frau schon des Öfteren vorgeschlagen, gemeinsam eine Therapie zu machen? Wenn ja, dann überlegen Sie, was Sie tatsächlich daran hindert, welche Ängste Sie dabei plagen. Erzählen Sie ihr davon. Bedanken Sie sich bei ihr, dass sie etwas für die Entwicklung Ihrer Beziehung tun will. Sagen Sie ihr, warum es für Sie so schwierig ist, eine Therapie zu beginnen. Bitten Sie sie, gemeinsam einen Weg zu finden, der für Sie beide akzeptierbar ist.

⊕ Kennt Ihre Frau Ihre geheimen Wünsche? Wohl nicht, denn sonst wären sie nicht geheim. Schreiben Sie einmal auf, was Ihre größten und schönsten Visionen und Fantasien zu Ihrer Beziehung und Ihrer Sexualität sind. Bleiben Sie dabei nicht nur an einem Thema hängen, also zum Beispiel nur am Sex. Versuchen Sie, eine möglichst lange Liste zu schreiben, und tauschen Sie sich mit Ihrer Partnerin aus.

⊕ Emanzipieren Sie sich. Zum Beispiel könnten Sie den nächsten Arztbesuch mit Ihrem Kind übernehmen. Sagen Sie Ihrer Frau, dass sie darauf vertrauen soll, dass Sie die Aufgabe gut machen werden. Auch wenn Sie sie anders machen werden als sie.

7. TAUSEND GRÜNDE, NICHT MITEINANDER ZU REDEN
Nähe kann auch Angst machen

„Ich finde das total gemein, dass du gerade vorhin unseren Freunden erzählt hast, wie sehr du dich von mir vernachlässigt fühlst", beschwert sich Roland bei Sabine auf dem Nachhauseweg von einem Abend mit Freunden. „Wie kommst du dazu, dich bei anderen über mich zu beschweren! Das ist verletzend!"

„Aber es ist nun einmal so: Ich fühle mich von dir total vernachlässigt."

„Versteh ich nicht. Erst gestern hab ich dein Auto vom Abschleppplatz geholt, nachdem du mich ganz aufgelöst angerufen hast. Ist das vielleicht nichts?"

„Brauchst dir gar nichts darauf einbilden. Außerdem hab ich dich gar nicht darum gebeten, und wenn du jetzt darauf herumreitest, dann brauch ich das schon gar nicht."

„Das ist ja nicht auszuhalten! Da bemühe ich mich, und dann wird mir das auch noch vorgeworfen!" Roland wird wütend, so wütend, dass er sein Handy ins Gebüsch wirft. „Und dann spielst du noch die Arme und machst mich bei unseren Freunden schlecht!"

„Ich bin auch die Arme. Ich werde von dir vollkommen unterdrückt!"

Wutschnaubend geht Roland weiter, die Schultern hochgezogen, die Fäuste in die Taschen vergraben. Sabine hebt Rolands Handy auf und geht einige Meter hinter ihm ebenfalls heimwärts.

Am nächsten Tag sind beide sehr im Job engagiert. Als Sabine abends heimkommt, ruft sie Roland an.

„Ich weiß nicht, wann ich zu Hause sein werde. Ich habe noch so viel zu tun", sagt Roland.

„Aber ich würde gern mit dir wegen gestern reden."

„Ich kann dir wirklich nicht sagen, wann ich fertig bin."
Eine Stunde später ist Roland noch immer nicht daheim.
„Wann kommst du denn nun endlich?", fragt Sabine erneut am Telefon.
„Irgendeiner muss ja die Arbeit machen. Ich bin noch nicht fertig."
Eine weitere Stunde später ist Roland noch immer mit Büroarbeit beschäftigt. Als er dann endlich um elf Uhr nach Hause kommt, schläft Sabine bereits.

Der Raum zwischen dir und mir

Kennen Sie das auch? Sie sind mit etwas, was Ihr Partner getan hat, nicht einverstanden. Er hat zum Beispiel den Valentinstag vergessen und nun sind Sie gekränkt. Doch anstatt ihm das direkt ins Gesicht zu sagen, beschweren Sie sich bei Ihrer Freundin über ihn. Und weil Sie gerade so schön in Fahrt kommen, erzählen Sie der Freundin auch gleich, dass Sie sich so ausgenutzt vorkommen, weil er Ihnen nie im Haushalt hilft. Ihre Freundin hat Verständnis. Sie finden bei ihr Trost, und schließlich bekommen Sie noch die Bestärkung, sich das alles nur ja nicht gefallen zu lassen.

Haben Sie damit das Problem gelöst? Natürlich nicht. Denn Ihr Partner ist nach wie vor völlig ahnungslos und weiß noch immer nicht, dass Sie sich so sehr über einen Blumenstrauß gefreut hätten. Vielleicht hat er in der Zwischenzeit erschrocken festgestellt, dass er es vergessen hat. Doch nachdem Sie nichts gesagt haben, denkt er sich womöglich, es hätte Ihnen nichts ausgemacht.

In der Imago-Therapie gibt es den Begriff *Paarzwischenraum*. Gemeint ist das, was zwischen zwei Menschen existiert, die in Kontakt miteinander treten: die Beschaffenheit der Beziehung, die Chemie, die Stimmung. Nun kann es sein, dass sich – wie in der Szene oben – eine Person vernachlässigt fühlt oder gekränkt ist. Wir sagen dann: Der Paarzwischenraum ist verschmutzt worden. Es gab eine Irritation in der Beziehung, und nun ist die Harmonie gestört. Es liegt etwas in der Luft, das geklärt werden sollte. Vielleicht war es nur eine Kleinigkeit: ein falsches Wort zur falschen Zeit, das den Partner irritiert hat, und nun zieht er sich zurück, ist nicht so freundlich wie sonst. Der andere reagiert darauf gereizt, er nörgelt. Von Liebe, Wertschätzung und gegenseitigem Austausch ist nichts zu spüren.

Beide tragen Verantwortung

Beide haben gleich viel Verantwortung dafür, Irritationen, Verletzungen oder auch Bedürfnisse und Wünsche zum Thema zu machen – und zwar im Paarzwischenraum, nicht außerhalb. Wenn Sie zum Beispiel genervt sind, weil Ihre Partnerin beim Essen immer schmatzt, und Sie ihr das nie sagen, dann wird aus dieser Kleinigkeit irgendwann eine große Sache, die Sie beide überrollen kann. Der typische Schneeballeffekt tritt ein.

Es ist ziemlich einfach, ein Problem der Partnerin zuzuschreiben, doch das macht Sie unfrei. Es führt Sie zu trotzigem, unreifem Verhalten. Es ist nicht allein Ihre Partnerin schuld an Ihrem Frust, nur weil sie diejenige ist, die beim Essen schmatzt. Das ist nur eine Seite der Medaille. Auch Sie tragen Verantwortung für Ihren Frust, wenn Sie das Thema nicht zur Sprache bringen.

Ratespiele sind übrigens sehr beliebt und führen ebenso nicht weiter: Man zieht sich beleidigt zurück, spricht bewusst wenig, schaut den Partner nicht an. Und nach ein paar Tagen ist man erst recht frustriert, weil der Partner nicht darauf reagiert. Das einzig wirksame Werkzeug in solchen Situationen ist also das Gespräch. Um dieses kommen Sie nicht herum, auch wenn es noch so viele Auswege zu geben scheint.

Ausweichmanöver

Jeder Konflikt, jede Irritation trägt Energie in sich. Nun gibt es verschiedene Möglichkeiten, mit dieser Energie umzugehen. Im Idealfall fassen Sie Mut und suchen das Gespräch. Dann fließt die Energie konstruktiv in Ihre Beziehung. Oft frisst man den Ärger auch in sich hinein. Doch dann sperren Sie die Energie bei sich selbst ein. Meist jedoch suchen wir nach einem Ausweg, wenn der Beziehungsfrust in der Magengegend brennt. Die typischen Auswege, um Konfrontation zu vermeiden und vom Frust abzulenken, haben wir in drei Kategorien zusammengefasst:

Auswege, die zur Katastrophe führen können

Mord und Selbstmord sind die extremen Auswege aus der Misere einer Beziehung. So weit sollte es wirklich nicht kommen. In einer Beziehung sollte es nicht einmal die Androhung von Mord oder Selbstmord geben. „Wenn du mich verlässt, bringe ich mich um" ist wohl die heftigste Bedrohung für den anderen, die jedoch keine Lösung sein kann.

Auch wir haben in unserer Beziehung mit dem Schlimmsten gedroht, das ist allerdings sehr lange her. „Wenn ich nicht mehr bin, dann wirst du schon sehen, wie leid es dir tut" war die Botschaft, die wir dem anderen damit ins Gesicht schmettern wollten. Solche Aussagen trifft man nur aus einer sehr großen Not heraus – und der andere fühlt sich bedroht. Heute wissen wir: Wir haben damals keine Verantwortung in unserer Beziehung übernommen. Wir haben nicht ausgesprochen, was uns verletzt und irritiert hat, und haben unsere Energie stattdessen destruktiv gegen uns selbst bzw. gegen den anderen richten wollen. Ein Glück, dass wir diesen Ausweg nicht genommen haben!

Auswege mit ernsten Folgen

Trennung, Scheidung, Krankheit, Sucht und Affären zählen wir zu dieser Art von Auswegen. Kapitel 8 beschreibt den Ausweg Affäre: Man flüchtet vor den Konflikten in die Arme eines dritten, liebenden Menschen, und alles scheint heil zu sein. Alles, bis auf die Beziehung, um die es eigentlich geht.

Krankheit an sich ist natürlich kein Ausweg aus einer Beziehung, sondern schlicht und einfach eine Krankheit, die es zu heilen gilt. Doch wenn dieser Zustand als Vorwand genommen wird, um nicht über das eigentliche Thema zu reden, dann ist es ein Ausweg. „Schau einmal: Ich bin krank, wenn du mich so behandelst" grenzt beinahe an Erpressung, zumindest ist es ein Vorwurf, der keine Lösung bringt. Ebenso ein Ausweg ist es, wenn man der Krankheit mehr Stellenwert gibt als nötig: „Ich muss zuerst auf meine Gesundheit achten und erst dann, wenn ich gesund bin, können wir reden."

Alkohol- oder Drogensucht sind oft wie eine dritte Person in der Beziehung. Wenn man betrunken ist, ist man für den Partner nicht mehr erreichbar und damit auch nicht für den Konflikt, der zwischen den Partnern steht. Ulrich und Renate ist es so ergangen. Sie haben sich einem großen Projekt verschrieben: einen Bauernhof zu renovieren. Ulrich war der Mann fürs Grobe und verstand es, die Arbeit zügig voranzutreiben. Renate war geschickt und kreativ, sie hatte viele Ideen, mit denen sie nicht nur ihren Mann überzeugte. Bei vielen anderen Menschen kam sie gut an und war beliebt. Ulrich fühlte sich zunehmend zurückgedrängt, er hatte Angst, mit Renate nicht mithalten zu können.

Ihm fehlte der Mut, mit Renate über seine Angst zu sprechen. Immer öfter ging er abends mit einem Freund in die Gaststätte, um etwas zu trinken. Immer mehr wurde das zur Gewohnheit und schließlich zur Sucht. Er brauchte den Alkohol, um seine Minderwertigkeitsgefühle zu ertränken. Renate fühlte sich abgewiesen. Auch sie hatte ihre Ängste, doch sie hätte gerne mit Ulrich darüber gesprochen. Der allerdings war bei seiner „Geliebten", dem Alkohol. Es dauerte nicht lange, bis das Thema Trennung im Raum stand.

Trennung und Scheidung sind Auswege, die heutzutage sehr leicht angetreten werden können. Einerseits ist es erfreulich, dass vor allem Frauen nicht mehr aus rein finanziellen Nöten heraus an die Ehe gefesselt sind. Gleichzeitig wird leider auch sehr rasch und oft leichtfertig geschieden. Im Grunde ist das seltsam: In einem Unternehmen wird jede weittragende Entscheidung vorher sorgfältig analysiert. In Liebesbeziehungen flüchtet man lieber vor der problematischen Auseinandersetzung in der Hoffnung, dass die nächste Beziehung glücklicher wird.

Wir wollen damit nicht sagen, dass Trennungen keine Lösung sein können. Manchmal ist es tatsächlich der beste Weg für beide. Doch um herauszufinden, was nun wirklich das Beste für beide ist, dafür sollten sich Paare Zeit nehmen. Etwa bei 95 Prozent der Paare, die wir gesehen haben, war Trennung ein Ausweg und keine bewusste, gereifte, gemeinsame Entscheidung.

Die alltäglichen Auswege

Sich in die Arbeit stürzen, den Haushalt in Schuss halten, mit Kindern viel unternehmen, sich im Verein engagieren, Sport betreiben, fernsehen etc. – in einem vernünftigen Maß sind all das vernünftige und nützliche Tätigkeiten. Und sie sind ganz wunderbar als Ausweg geeignet, als Ablenkung von Beziehungsproblemen. Auch Einzeltherapie kann ein Ausweg sein. Es ist natürlich gut, sich in einem therapeutischen Prozess weiterzuentwickeln. Doch wenn das Gespräch mit der Therapeutin zum Ersatz für das Gespräch mit dem Partner wird, ist es ein Ausweg. In den meisten Fällen ist es sinnvoller, den Partner in die Therapie mit einzubeziehen. Denn nur so kann auf beiden Seiten das Bewusstsein für Verantwortung hergestellt werden.

Das Verführerische an all diesen alltäglichen Auswegen ist, dass sie sozial anerkannt sind. Es ist erwünscht, dass man sich besonders liebevoll mit den Kindern beschäftigt oder man sich ehrenamtlich im Wanderverein engagiert. Es liegt an Ihnen, sich selbst kritisch zu hinterfragen: Mache ich das, um mit meiner Partnerin nicht reden zu müssen? Flüchte ich vor ihren Anschuldigungen, anstatt mich dem Konflikt zu stellen?

Auswege bewusst machen

Wie Auswege gelernt werden

Der innere Motor dafür, Auswege zu finden, ist letztlich immer Angst: Angst vor Eskalation, Angst davor, nicht ernst genommen zu werden, Angst, verletzt zu werden, Angst vor der eigenen Wut und anderes. Sie hat ihren Ursprung in der Kindheit, entweder weil wir uns bestimmte Verhaltensweisen von den Eltern abgeschaut haben oder weil wir etwas erlebt haben, das wir bis heute nicht abschütteln konnten.

Kinder lernen in erster Linie durch Nachahmung und durch eigene Erfahrung. Nachgeahmt, wenn auch zeitversetzt, wird das Verhalten eines Elternteils. Marions Mutter zum Beispiel reagierte bei Eheproblemen meist mit vielen Vorwürfen und es gab oft Streit. Der Vater beschwichtigte zunächst, doch wenn es ihm zu viel wurde, flüchtete er: Er schlug die Tür hinter sich zu und ging zu seinen Freunden in den Verein.

Marion ist ihrem Vater sehr ähnlich, auch sie geht Konfrontationen gern aus dem Weg. Wenn sie mit ihrem Lebensgefährten Probleme hat, geht sie ins Fitness-Center. Tatsächlich jedoch ist sie gekränkt über etwas, das sie nicht auszudrücken vermag – genauso wie ihr Vater ihrer Mutter nicht sagen konnte, wie sehr es ihn verletzte, wenn sie ihm Anschuldigungen an den Kopf warf.

Auch eigene Erfahrungen prägen unser späteres Erwachsenenleben. Thomas hatte zum Beispiel als Kind oft das Gefühl, nicht ernst genommen zu werden. Wenn etwas für ihn schwierig war, verglichen ihn die Eltern mit dem jüngeren Bruder, der das viel besser konnte. Daraufhin zog er sich zurück. Später, in seiner Beziehung mit Ulrike, wagte er oft nicht zu sagen, was ihn bedrückte, aus Angst, wieder kleingemacht zu werden.

Wie Sie Ihren Auswegen auf die Schliche kommen

Sich selbst einzugestehen, ja, es überhaupt wahrzunehmen, dass man gerade einen Ausweg sucht, ist ein großer Schritt. Denn das bedeutet gleichzeitig zuzugeben, dass man Angst hat. Es kann sehr beschämend sein, Angst zuzugeben. Wenn es in Ihrer Beziehung nicht üblich ist, Dinge offen auszusprechen, wenn Sie das nie gelernt haben, dann müssen Sie sich schrittweise herantasten.

In der Therapie fragen wir die Paare, wann sie welche Auswege nehmen. In den meisten Fällen kennen sie die typischen Auswege des anderen viel besser als die eigenen. Klar, schließlich können wir unsere Partnerin viel besser beobachten als uns selbst. Wichtig wäre jedoch, die eigenen Schlupflöcher zu entdecken.

Der nächste Schritt erfordert Mut. Denn um mit Ihrem Partner in Kontakt zu treten, sollten Sie ihm mitteilen, wovor Sie Angst haben, was Sie befürchten. Sagen Sie ihm, weshalb Sie diesen Ausweg nehmen. „Ich gehe lieber mit dem Hund noch eine Runde, als mit dir über meine Angst zu reden, weil ich Sorge habe, dass du mich dann auslachst." Oder: „Immer wenn du mit mir über einen Konflikt reden willst, gehe ich lieber ins Fitness-Center, weil ich Angst habe, durch deine Wut noch mehr verletzt zu werden."

Als Partner sollten Sie bei so einem Outing unbedingt wertschätzend sein. Denn wenn Ihre Partnerin sich schon überwunden hat und Ihnen ihre größte Verletzlichkeit präsentiert, dann braucht sie Sicherheit. Es wäre ganz schlimm, wenn Sie ihr dann sagen: „Na schau einer an, endlich bist du auch draufgekommen." Denn dann würde sie es sich beim nächsten Mal gut überlegen, ob sie Ihnen jemals wieder etwas so Intimes mitteilt.

Hinter den Auswegen steht meist der gute Wille nach Harmonie. Nur weil wir es nicht besser gelernt haben, schaffen wir es nicht, unserer Partnerin offen gegenüberzutreten. Und so wird dieser grundsätzlich positive Impuls umgeleitet in einen Ausweg. Bei Alkohol ist es leider so, dass das Trinken zu Beginn vielleicht noch als normale Notmaßnahme durchgehen mag. Doch dann verselbstständigt es sich und wird zu einer Sucht, sodass Nähe gar nicht mehr möglich ist. Die gute Nachricht: Wenn es beiden gelingt, diesen Ausweg zu identifizieren, den Gründen auf die Spur zu kommen, dann kann eine Verbindung entstehen, die tiefer und schöner ist als je zuvor.

Worum es wirklich ging

In der Szene zu Beginn des Kapitels wird deutlich, dass sowohl Sabine als auch Roland Auswege benutzten. Zunächst einmal nahmen beide den Vorwurf als Ausweg, Sabine mit Hilfe der Freunde: Sie beschwerte sich bei ihren Freunden im Beisein von Roland. „Ich hatte Angst, dass Roland mein Anliegen als Lappalie abtut, wenn ich mit ihm alleine darüber rede. Daher holte ich mir Verstärkung."

Diese Angst kannte Sabine schon seit ihrer Kindheit und auch das Verhalten hat sie damals schon gelernt. So traute sie sich nie zu fragen, wenn sie in der Schule von ihren Eltern Hilfe brauchte. Als viertes Kind war es so selbstverständlich, dass alles wie am Schnürchen funktionierte. Wenn sie ihre Eltern um Hilfe gebeten hätte, hätte sie Angst haben müssen zu hören: „Was, das kannst du noch nicht? Na hoffentlich fällst du nicht durch!" Ihr Problem wäre also abgewertet worden. Schon damals lernte sie, sich bei ihren Freunden Gehör zu verschaffen – so wie sie das auch in dieser Szene tat.

Roland wählte auch den Vorwurf als Ausweg. „Anstatt Sabine zu sagen, wie sehr es mich beschämt, vor den Freunden bloßgestellt zu werden, warf ich ihr vor, undankbar zu sein. In meiner Kindheit wurde ich in ähnlicher Weise beschämt, das konnte ich also schwer ertragen."

Gegen Ende der Szene verwendete Roland noch einen zweiten Ausweg: Um ein Gespräch mit Sabine zu vermeiden, arbeitete er länger als notwendig – und alles nur, um nicht nach Hause gehen und mit Sabine reden zu müssen. Roland hatte es nicht gelernt, sich direkt mit jemandem auseinanderzusetzen. Wenn seine Eltern Streit hatten, dann nur hinter verschlossener Tür.

Beide haben sie erfolgreich verhindert, Nähe herzustellen. Sie konnte ihm nicht erzählen, wie sehr sie sich in ihrem Leben allein und vernachlässigt fühlte. Und er konnte ihr nicht erzählen, wie oft er schon in seinem Leben beschämt und bloßgestellt wurde. Die Energie, die sie beide spürten – in Form von Ärger und Beschämung –, haben sie beide über den Ausweg nach außen gelenkt, anstatt sie auf die Beziehung zu richten und ein klärendes Gespräch zu führen.

Was Sie tun können

⊙ Gehen Sie den eigenen Auswegen auf den Grund. Was tragen Sie selbst dazu bei, um Nähe zu vermeiden?
Versuchen Sie dabei, alle vermeintlich vernünftigen Gründe für diesen Ausweg und alle Ihre Rechtfertigungen dafür beiseite zu lassen (also zum Beispiel dass es doch gut ist, sich manchmal noch mehr mit den Kindern zu beschäftigen). Schreiben Sie Ihr Verhalten auf und finden Sie Ihren „Lieblingsausweg".

⊙ Machen Sie eine Probeschließung. Stellen Sie sich vor, es gäbe diesen „Lieblingsausweg" nicht mehr, das heißt, Sie könnten bei Bedarf nicht mehr davon Gebrauch machen. Zum Beispiel: Sie könnten ab nun nicht mehr länger im Büro bleiben, wenn zu Hause ein Konflikt auf Sie wartet. Sie müssten heimgehen, weil das Bürogebäude zugesperrt wird. Welche Angst kommt dann hoch? Beschreiben Sie diese Angst auf einem Blatt Papier. Kennen Sie diese Gefühle aus Ihrer Kindheit?

⊙ Bei wem konnte ich diesen Ausweg in der Kindheit beobachten?

⊙ Wie könnten Sie das alles Ihrem Partner mitteilen? Welchen Rahmen bräuchten Sie dafür, um ihm von Ihrem „Lieblingsausweg" und Ihren Ängsten zu erzählen? Es kann sein, dass bei diesen Überlegungen gleich wieder Ängste auftauchen, die Sie dazu verleiten, einen Ausweg zu nehmen und dieses Gespräch zu verhindern. Seien Sie also auf der Hut, damit Sie sich nicht selbst austricksen!

⊙ Finden Sie die Gelegenheit zum Gespräch. Ideal wäre es, wenn auch Ihre Partnerin Ihnen von ihren Auswegen erzählt, doch machen Sie das nicht zur Bedingung. Wenn Sie Mut zeigen, dann wird auch sie Mut finden.

⊝ Welche Alternative gibt es zum bisherigen Ausweg? Was könnte ein kleiner, nächster Schritt sein, zu dem Sie bereit wären, anstatt Ihren ursprünglichen Ausweg zu benutzen? Es kann sein, dass Sie zum Finden dieses Schrittes etwas Zeit brauchen. Haben Sie Geduld mit sich! Beispiel: Anstatt dass Sie ins Fitness-Center gehen, schlagen Sie vor: Gehen wir gemeinsam laufen (da können wir eventuell miteinander reden).

8. ENDLICH VERSTEHT MICH JEMAND
Die Dreiecksbeziehung als Ausweg aus dem Beziehungsfrust

Roland und Sabine sind auf dem Weg zu einem mexikanischen Restaurant, um sich mit Freunden zum Abendessen zu treffen.

„Wie war's denn eigentlich bei deinem Therapie-Wochenende?", fragt Roland. Sabine schweigt.

„He, wie es war, hab ich gefragt."

„Ach, das interessiert dich doch sonst auch nicht."

„Aber sicher interessiert es mich."

„Und warum hast du dann nicht gleich gefragt, als ich von der Ausbildung zurückgekommen bin? Außerdem interessiert dich nicht wirklich, was ich lerne. Dich interessiert immer nur eines."

„Stimmt gar nicht. Aber wenn du schon damit anfängst: War was mit einem Mann?"

Sabine atmet scharf ein und verstummt. Diese Frage hat sie so oft gehört. Immer wieder musste sie sich Rolands düstere Prophezeiung anhören, sie würde ihn sicher eines Tages betrügen. Schon allein das macht sie wütend! Bisher konnte sie Roland immer beruhigen. Doch diesmal ...

„Ja, es war etwas mit einem Mann", platzt es schließlich aus ihr heraus.

Roland fällt aus allen Wolken. Ein Schwindelgefühl überkommt ihn, als ob ihm jemand den Boden unter den Füßen weggezogen hätte. Heiß steigt ihm der Schock in die Magengegend und dann in den Kopf.

„Was ... was sagst du da?", stammelt er.

„Du hast schon richtig gehört."

„Und das sagst du so einfach? Hast du mit ihm geschlafen?"

„Ja, hab ich. Und es ist mir egal, was jetzt weiter passiert. Ich halte das einfach nicht mehr aus, so wie du mich in letzter Zeit behandelt hast!"

Stumm gehen die beiden weiter, Roland wie gelähmt vom Schock, Sabine voll Wut und schlechtem Gewissen.

Die Affäre – ein Zeichen, dass in der Beziehung etwas fehlt

Niemand wünscht sich, jemals in eine solche Situation zu kommen wie Sabine und Roland. Und wenn sie sich dann doch ergibt, fällt für den einen die Welt wie ein Kartenhaus zusammen, der andere kämpft mit Wut, Verzweiflung und schlechtem Gewissen. Es erscheint absurd, einer solchen Schreckensszene etwas Gutes abzuringen, und doch: Eine Affäre ist ein Hilferuf der Beziehung. Sie ist ein Zeichen, dass man für die Beziehung dringend etwas tun muss. Denn in einer gelungenen, erfüllenden Beziehung ist gar kein Platz für eine dritte Person. Man kokettiert vielleicht einmal mit einem Arbeitskollegen oder der Schwester des besten Freundes. Doch mehr wird daraus nicht, denn eine gute Beziehung bietet alles, was man zum Glücklichsein braucht: Sie wird getragen von Sicherheit, Leidenschaft und Vertrauen. Herz und Lende sind verbunden.

Erst wenn die Beziehung Schlagseite bekommt, kann es dazu kommen, dass sie oder er nach außen flüchtet, sich in eine Affäre stürzt. Sie können sich das so vorstellen: Es ist, als ob beide im Zug dahinbrausen, beide mit Alltäglichkeiten zu sehr beschäftigt, um zu sehen, dass der Zug auf den Abgrund zufährt. Bis dann einer der beiden aufschaut und die Notbremse zieht. Die Notbremse, das ist die Affäre.

In der Realität würden Sie nie auf die Idee kommen, aus einem rasenden Zug zu springen, womöglich jeder in eine andere Richtung, im Gegenteil. Aug in Aug mit der Gefahr würden Sie alles versuchen, um den Zug gemeinsam so rasch wie möglich zum Stehen zu bringen. Erst wenn dann die größte Gefahr gebannt wäre, würden Sie überlegen, was Sie als Nächstes tun könnten, um den Zug umzuleiten, sodass er Sie an Ihr Ziel bringt.

In der Beziehung reagieren die meisten Menschen jedoch anders. Der erste Reflex im Angesicht einer Affäre ist: abspringen und davonlaufen, sich scheiden lassen oder sich zumindest bis auf weiteres trennen. Auf die Art bleiben jedoch alle Missverständnisse ungeklärt, alle Kränkungen und Verletzungen bleiben offen und werden meist in die folgende, neue Beziehung mitgeschleppt.

Klären statt flüchten

Ausweichen ist ganz natürlich, und oberflächlich betrachtet auch nachvollziehbar. Wenn wir so sehr verletzt werden, dann ist es naheliegend, dem Schmerz möglichst auszuweichen. „Du hast mich mit diesem Mann betrogen, dann bleib doch gleich bei ihm. Ich will die Scheidung!" Wut und Trotz stecken in dieser Aussage, und doch können wir diese Person gut verstehen. Es ist naheliegend, aus einer Beziehung zu fliehen. Doch in den meisten Fällen wiederholen sich die Probleme, Konflikte, unerfüllten Sehnsüchte in der nächsten Beziehung. Dann müsste man wieder davonlaufen – und bei der darauf folgenden Beziehung hoffen, dass einem das Glück endlich hold sei. Doch so einfach ist es nicht.

Eine Affäre sollte nicht das Ende, sondern der Beginn eines Entwicklungsprozesses sein. So wie Sie im Zug bei Gefahr die Notbremse ziehen, damit er stehen bleibt, so können Sie auch bei einer Affäre innehalten. Stellen Sie jede große Entscheidung – Trennung, Scheidung – zur Seite. Verschieben Sie sie auf später, nachdem Sie Ihre Beziehung einmal genauer unter die Lupe genommen haben. Eine Affäre ist ein Symptom und es lohnt sich, die Hintergründe und Ursachen zu beleuchten, die dazu geführt haben. Sie werden überrascht sein, wie viele Erkenntnisse, wie viel Neues Sie von Ihrer Partnerin oder Ihrem Partner erfahren werden.

Zugegeben, das ist eine äußerst schwierige Aufgabe: Wer Erfüllung in einer Außenbeziehung gesucht hat, glaubt in ihr meist das gefunden zu haben, was er in seiner Partnerschaft vermisst. Sich nun hinzusetzen, um an dieser alten, ramponierten Beziehung auch das Gute zu finden und an deren Zukunft zu arbeiten, das erfordert viel Überwindung. Schwierig ist es auch für die betrogene Person. Sie braucht sehr viel Mut, um ausgerechnet mit demjenigen die Nähe zu suchen, der sie so verletzt hat. Und sie muss es auch aushalten, die Affäre bis auf weiteres so zu belassen, wie sie ist. Jedes „Ich will, dass du ihn nie wieder siehst" führt nur zu Abwehr und weiteren Verletzungen.

„Ja, wir haben ein ernsthaftes Problem und wir wollen erforschen, was da passiert ist", das ist die geeignete Einstellung, damit Sie beide weiterkommen. Nehmen Sie sich also eine Klärungszeit. Erforschen Sie, weshalb eine dritte Person in Ihrer Beziehung Platz gefunden hat. Der Lohn: Sie erreichen eine neue Ebene Ihrer Beziehung, die für Sie erfüllend sein wird. Wenn Sie sich doch trennen, so gehen Sie in Liebe und haben obendrein für eine Zukunft ohne Altlasten gesorgt.

Krise braucht Nähe – die Klärungszeit

Vor allem in den 60er- und 70er-Jahren war es modern, dass sich bei einer Krise ein Paar „vorübergehend" getrennt hat. Eine Person ist ausgezogen. Das ist wirklich problematisch, weil auf diese Art nichts geklärt werden kann. Wenn Sie im Job einen Konflikt mit Ihrer Kollegin haben, dann lösen Sie ihn bestimmt nicht, indem Sie ihr aus dem Weg gehen. Jedes Jammern bei Freunden über Ihre klägliche Berufssituation würde Sie nicht wirklich weiterbringen. Besprechen Sie das Problem besser direkt mit der Kollegin. Dann kommen Sie wirklich zu einer Lösung.

In der Beziehung ist es ähnlich. Jede Krise braucht die Nähe der betroffenen Personen zueinander. Nur so können Sie miteinander kommunizieren. Wenn Sie stattdessen „vorübergehend ausziehen", wird es Ihnen nur noch schwerer fallen, miteinander zu kommunizieren.

Bitte nehmen Sie sich genug Zeit für die Klärung Ihrer Situation. Einer Affäre gehen oft viele Jahre an Enttäuschungen und Missverständnissen voraus. Ebenso lange braucht es, um Ihren Paarzwischenraum gut zu säubern. Rechnen Sie mit vier Wochen Klärungszeit pro Jahr gemeinsame Beziehung. Wenn das für Sie unvorstellbar lang ist, dann einigen Sie sich bitte auf eine Zeitspanne, die für Sie beide akzeptabel ist.

Für Gabriel und Stephanie war es sehr schwer, sich für eine Klärungszeit zu entscheiden. Sie kamen beide in unsere Praxis, als Stephanie von Gabriels Affäre erfahren hatte. Sie forderte zunächst das Naheliegende: „Ich mache eine Paartherapie mit dir nur, wenn du diese Beziehung beendest." Gabriel saß mit versteinertem Gesicht da und meinte, es wäre ohnehin sinnlos, er ginge davon aus, dass sie sich trennen würden. „Sie ist immer nur traurig und vorwurfsvoll", sagte er, „ich kann sie nicht glücklich machen." Gabriel war nicht bereit, seine Affäre zu beenden, wie könnte er auch! Viel zu groß war seine Angst, keine glückliche Beziehung erleben zu können! In seiner neuen Beziehung schien er sie gefunden zu haben. In weiterer Folge wurde sichtbar, dass beide ihren Teil zu dieser prekären Situation beigetragen haben. Sie waren bereit, sich das näher anzusehen – mit glücklichem Ausgang.

Beide tragen Verantwortung für die Misere

Dass die Person, die eine Außenbeziehung gesucht hat, ihren Teil zur Beziehungskrise beiträgt, ist einleuchtend. Weniger offensichtlich ist, dass auch die andere Person sehr wohl das Ihre dazu beiträgt. Wir sagen: Wenn sich eine Person nach außen wendet, dann hat sich vorher schon die andere Person aus der Beziehung zurückgezogen. Eine geht nach außen, die andere nach innen – und so sind beide nicht erreichbar. Nur wenn beide Seiten akzeptieren, dass sie ihren Teil beigetragen haben, können sie eine Lösung finden.

Werfen wir noch einmal einen Blick in das Leben von Stephanie und Gabriel. Zwei sehr attraktive Menschen haben sich da gefunden und man spürt zwischen ihnen eine erotische Spannung. Bloß: Sie können sie nicht ausleben! Zu sehr bombardiert sie ihn mit Vorwürfen, zu sehr ist er dadurch wie versteinert.

In der Paartherapie konnten beide ihre Verantwortung an der Krise erkennen. Stephanie wurde klar, dass sie mit ihren Vorwürfen für Gabriel wenig attraktiv war und warum er sich von ihr entfernt hat. Den Vorwurf kannte sie sehr gut von ihrer Mutter – in unbewusster Loyalität zu ihr hat sie ihr Verhalten kopiert. Gabriel erkannte, dass Stephanie seinen wundesten Punkt erwischt hatte, denn seine Mutter machte ihm auch oft Vorwürfe und das machte ihn wütend. Wir unterstützten Gabriel, seine Wut umzuwandeln: Anstatt sie in der Affäre zu entladen, konnte er sich wieder auf ein Gespräch mit seiner Frau einlassen. Seine Versteinerung weichte langsam auf.

Umarme mich, aber komm mir nicht zu nahe!
Das Interessante an einer Dreiecksbeziehung ist, dass alle drei – so verschieden ihre Ziele auch erscheinen mögen – etwas Wesentliches gemeinsam haben. Alle drei stecken fest in dem Dilemma: Ich wünsch mir deine Nähe und ich habe Angst davor. Dies gilt es anzuerkennen und genauer zu betrachten.

Werfen wir einen kurzen Blick in die Kindheit von Stephanie und Gabriel. Stephanie hat sehr früh ihren Vater verloren und sehr darunter gelitten. Damals, als Kind, hat sie sich unbewusst geschworen: Nie, nie wieder darf mir jemand so nahe kommen und mich dann verlassen. Stephanie hat also Angst vor Nähe, obwohl sie sich Nähe so sehr wünscht. Was wird also ihre Überlebensstrategie? Sie flüchtet in den Vorwurf – das schaut sie sich von ihrer Mutter ab – und sorgt damit für den nötigen Sicherheitsabstand.

Gabriel wurde als Kind oft gemaßregelt. Bei ihm war Nähe also mit Zurechtweisungen und Vorwurf gekoppelt. Seine Überlebensstrategie als Kind war: Flucht auf den Fußballplatz. Heute hört er die Vorwürfe nicht von seinen Eltern, sondern von seiner Frau. Und wohin flüchtet er heute? In eine Affäre.

Nicht zuletzt hat auch die dritte Person Sehnsucht nach Nähe und gleichzeitig Angst davor. Indem sie sich einen Mann sucht, der nicht zu haben ist, sorgt sie auf ihre Weise dafür, dass zu viel Nähe gar nicht erst entstehen kann. Sie wünscht sich einerseits sehnlichst eine dauerhafte Beziehung. Andererseits hat sie Angst davor. Es ist erstaunlich, mit welch sicherem Griff solche Menschen immer wieder einen Partner wählen, der bereits eine Beziehung hat. Sie sitzen also quasi zwischen den Stühlen und agieren zwischen zwei Menschen. Vielleicht deshalb, weil sie diese Rolle schon bei ihren Eltern innehatten.

Was hat sie, was ich nicht habe?

Sollten Sie mit einer solch schlimmen Krise konfrontiert werden, so sind Sie vermutlich versucht zu fragen: Was hat diese Person, was ich nicht habe? Ist sie jünger, schöner, schlanker, hat sie einen besseren Job als ich? Ist sie besser im Bett? Nächtelang kann man an solchen Fragen grübeln. Konkurrenz und Eifersucht fressen sich in die Seele, rauben einem den Schlaf und nagen am Selbstwert.

So werden Sie kaum einen Millimeter weiterkommen. Denn diese Überlegungen machen Sie nur wütend, deprimiert, eifersüchtig, minderwertig. Die richtige Frage lautet: Was deckt diese dritte Person ab, was wir in unserer Beziehung nicht leben? Sobald Sie sich diese Frage stellen, öffnen Sie ein Fenster in eine neue Dimension.

Als Stephanie sich mit dieser Frage beschäftigte, war ihr klar: Sie hat die Lebensfreude in ihrer Beziehung schon vor einigen Jahren an den Nagel gehängt. Indem sie sich bemühte, diese Lebensfreude wieder zuzulassen, wurde die Beziehung sozusagen wieder komplett und es gab keinen Platz mehr für eine Außenbeziehung.

Kinder kämpfen: für Mama, für Papa und für den Familienzusammenhalt

Kinder haben eine besonders schwierige Rolle, wenn ein Elternteil eine Affäre hat. Kinder haben das unbewusste Bestreben, die Beziehung der Eltern zu schützen. Sie kämpfen auf drei Fronten gleichzeitig, für die Eltern als Paar und für Mama und Papa einzeln. Für das Kind hat das mehrere Folgen: Typischerweise tendieren sie mehr zur einen Seite oder zur anderen, je nachdem, welchen Elternteil sie als schwächer empfinden. Und sollte die Ehe scheitern, übernehmen Kinder oft die Verantwortung dafür, sie glauben unbewusst, sie seien schuld an der Trennung. Oft genug tragen sie diese Schuld auch noch bis in ihr Erwachsenenleben mit sich herum – und nicht selten wird das für ihre eigene Beziehung zum Verhängnis.

Deswegen ist es so wichtig, dass Sie Ihre Beziehung gut klären. Sie helfen damit nicht nur sich selbst, sondern auch Ihren Kindern. Seien Sie ein positives Vorbild in Sachen Krisenbewältigung und Gestaltung einer Beziehung und klären Sie, was zwischen Ihnen steht. Auch wenn Ihre Ehe letztlich geschieden wird, nehmen Kinder doch die Fähigkeit mit, konstruktiv mit schwierigen Lebenssituationen umzugehen.

In einer Ehekrise ist es ganz besonders wichtig, den Kindern klar zu machen, dass sie kein schlechtes Gewissen mit sich herumschleppen müssen und dass die Krise ausschließlich von den beiden Erwachsenen verantwortet werden muss. Und es genügt nicht, es ihnen nur zu sagen! „Mit euch hat das gar nichts zu tun" sind Schall und Rauch, denn Kinder speichern nicht so sehr die Worte als vielmehr Stimmungen besonders gut in ihrem Körper ab.

Wir haben gute Erfahrungen mit Paaren gemacht, die ihre Kinder über die Dreiecksbeziehung informiert haben. Sie können Ihren Kindern eine Krise nicht verheimlichen, sie spüren das ohnehin. Viele Kinder empfinden eine offene Aussprache als Erleichterung, weil Ihre klaren Worte ihr diffuses Angstgefühl zerstreuen können. Details sind nicht nötig, doch achten Sie auf Ihren Wortlaut. Treten Sie als Elternpaar den Kindern gegenüber: „Wir haben eine schwere Krise. Es gibt da auch eine andere Frau, doch wir sind dabei, das zu klären. Wir versprechen euch: Wir schauen uns das so lange gemeinsam an, bis wir zu einer guten Entscheidung kommen." Kommunizieren Sie auch Verständnis für die Situation Ihrer Kinder: „Wir können verstehen, dass ihr Angst davor habt, wir könnten uns trennen. Doch wir versprechen euch, wir werden in aller Ruhe ein gutes Ergebnis finden."

Krisen als Motor von Entwicklungsprozessen

Jeder Mensch macht Krisen durch, in jedem Alter. Und jedes Mal stößt man an körperliche oder psychische Grenzen, an denen man wachsen kann, man wird mit Neuland konfrontiert und ist gefordert, altbewährtes Verhalten auf die Probe zu stellen und bei Bedarf anzupassen. Auf die Art erweitert man seinen Handlungsspielraum und ist besser gerüstet, wenn es zu einer neuen Krise kommt.

Eine Affäre ist für ein Paar eine ganz besonders einschneidende Krise. Viele Ängste, Nöte, Erwartungen, Sehnsüchte, Scham und gekränkter Stolz begleiten die Beteiligten, wenn sie zu uns in die Praxis kommen. Die wichtigste Entscheidung zu diesem Zeitpunkt ist: Wollen wir die Krise bewältigen und dafür sorgen, dass wir uns persönlich ein Stück weiterentwickeln? Wenn Sie sich diese Chance versagen, verzichten Sie auf einen Lernprozess, in dem Sie sehr viele wertvolle Impulse für Ihr weiteres Leben erhalten. Wir wünschen Ihnen von Herzen den Mut, ehrlich hinzusehen und einen fruchtbaren Boden für Neuentwicklung zu schaffen.

Worum es wirklich ging

Sabine hatte zwar eine Affäre, doch der Ursprung für diese Krise wurzelte viel früher in ihrer Beziehung. Roland hatte sich damals sehr intensiv im Familienbetrieb engagiert. „Das tägliche Grübeln, wie ich die Firma am Überleben erhalten könnte, hat fast die ganze Energie aus der Beziehung abgezogen. Außerdem hatte ich keine Ahnung, wie anstrengend und herausfordernd eine Psychotherapieausbildung sein kann. Das Thema interessierte mich nicht so sehr. Sabine brachte die Ausbildung zeitweise an die Grenzen ihrer Persönlichkeit. Ich hätte ihr beistehen sollen, doch ich war so von meiner Arbeit vereinnahmt, dass ich weder mich noch meine Frau richtig spüren konnte."

Roland hatte gelernt, dass das Zupacken und Zielesetzen, der Fleiß und der Zusammenhalt besondere Werte sind. Diese Qualität hat ihn beruflich auch sehr weit gebracht. Doch die eigenen Bedürfnisse und die in seiner Beziehung blieben unentdeckt. „Ich habe nicht gelernt, innezuhalten und nachzuspüren, was gerade in der Beziehung läuft."

Sabine wiederum hatte das Vorbild ihres Vaters vor sich. Der zog sich zurück, wenn es Ehekonflikte gab. Anstatt seine Frau zu konfrontieren, floh er in sein Unternehmen und manchmal auch in Affären mit anderen Frauen.

„Ich habe Roland nie damit konfrontiert, dass er sich aus unserer Beziehung zurückzieht", sagt Sabine. „Ich fühlte mich sehr allein. Doch ich nahm das einfach hin und kam erst gar nicht auf die Idee, Roland zur Rede zu stellen. Stattdessen suchte ich mir einen anderen, mit dem ich eine Affäre begann."

Roland und Sabine waren zum Glück bereit für eine Paartherapie, die sie zwei Jahre lang regelmäßig in Anspruch nahmen und in der sie den Grundstein für ihre weitere Beziehung legen konnten.

Was Sie tun können

⊙ Wenn Sie in einer Dreiecksbeziehung stecken, dann stehen Sie vor einer Krise, die sehr schwer allein zu bewältigen ist. Die Unterstützung eines Imago-Therapeuten ist daher sicher der effizienteste Weg.

⊙ Vereinbaren Sie einen Zeitraum, in dem Sie den Status quo halten können, um sich Ihre Krise genau anzusehen, und vereinbaren Sie diesen am besten auch schriftlich.

Für denjenigen, der eine Affäre hat

⊙ Wann hat die Krise ihren Anfang genommen?

⊙ Was hat gefehlt, sodass Sie jetzt mit dieser dritten Person Erfüllung suchen?

⊙ Was haben Sie in den letzten Monaten vermieden, mit Ihrem Partner zu besprechen? Welche Bedürfnisse haben Sie nicht geäußert, obwohl Sie frustriert waren?

⊙ Was hat Ihr Partner bzw. Ihre Partnerin dazu beigetragen, dass Sie sich entfernt haben?

⊙ Denken Sie zurück, vielleicht sogar bis an den Anfang Ihrer Beziehung: In welchen Situationen konnten Sie das, was Sie mit Ihrer Affäre leben, auch mit Ihrer Partnerin leben?

⊙ Suchen Sie sich einen ruhigen Ort und nehmen Sie sich eine halbe Stunde Zeit. Schließen Sie Ihre Augen und spielen Sie zwei Versionen durch:

1. Sie entscheiden sich für die neue Partnerin. Seien Sie nun ehrlich und überlegen Sie: Wie würde Ihr Leben im Detail weitergehen? Wie wird Ihr Leben in fünf, zehn, fünfzehn Jahren sein? Wie viel Kontakt werden Sie mit der alten Partnerin haben?
2. Sie entscheiden sich, bei Ihrer bisherigen Partnerin bzw. Ihrem bisherigen Partner zu bleiben. Sie meistern die Krise. Wie wird Ihre Beziehung im Detail aussehen? Machen Sie dieselben Überlegungen wie gerade eben.

Vertrauen Sie Ihrem Unterbewusstsein. Es wird Ihnen vielleicht nächste Impulse und Richtungen aufzeigen.

Für denjenigen, der betrogen ist

⊙ Wann hat die Krise wahrscheinlich begonnen? Das kann schon länger zurück liegen. Was ist damals genau passiert?

⊙ Seien Sie ganz ehrlich zu sich selbst und prüfen Sie, wann Sie sich selbst aus der Beziehung zurückgezogen und Ihre Energie woanders hingelegt haben. Wohin haben Sie die Energie gelegt?

⊙ Was haben Sie dazu beigetragen, dass sich Ihre Partnerin bzw. Ihr Partner von Ihnen distanziert hat? Seien Sie ehrlich zu sich selbst, ohne sich dabei Selbstvorwürfe und Schuldgefühle zu machen.

⊙ Was brauchen Sie, um wieder zu sich selbst zu finden? Was können Sie selbst dazu beitragen?

⊙ Was fehlt Ihrer Beziehung? Was können Sie dazu beitragen, damit dieses Fehlende wieder in die Beziehung zurückkommt? Falls es in den letzten Monaten für Sie schwierig war, mit Ihrem Partner Nähe zu leben, dann springen Sie über Ihren Schatten und suchen Sie seine Nähe.

Für die dritte Person

⊕ Ist es Zufall oder hat es einen tieferen Sinn, dass Sie sich in jemanden verliebt haben, der in einer fixen Beziehung ist? Gibt es Dreiecksbeziehungen in Ihrer Familie – bei Ihren Eltern oder anderen Familienmitgliedern?

⊕ Haben Sie sich schon früher einmal in einen Menschen verliebt, der in einer anderen Beziehung lebte? Überlegen Sie ehrlich, ob es eine klare Tendenz gibt (bewusst oder unbewusst), in einer Dreiecksbeziehung zu bleiben.

⊕ Wie viel Zeit und Raum können Sie Ihrem neuen Partner geben, damit dieser zuerst die alte Beziehung klärt und dann überlegt, ob er mit Ihnen eine neue Beziehung beginnen kann? Spüren Sie in sich hinein, ob Sie bereit sind, mit ihm einen entsprechenden Zeitraum festzulegen.

Nach der Krise – Sie entscheiden, sich zu trennen

⊕ Gestalten Sie mit professioneller Hilfe einen emotionalen Abschied (siehe Kapitel 12).

⊕ Eine der stärksten Kräfte für Ihre Weiterentwicklung ist die wechselseitige Vergebung. Aus unserer Erfahrung ist das meist nur mit professioneller Hilfe möglich. Vergeben Sie nicht nur dem anderen, sondern auch sich selbst für das, was Sie selbst zur Trennung beigetragen haben.

⊕ Wenn Sie Eltern sind, versuchen Sie die Wertschätzung, die Sie zu diesem Menschen immer gehabt haben, aufrechtzuerhalten. Gegenüber Ihren Kindern tragen Sie eine besondere Verantwortung. Seien Sie ein gutes Vorbild für die nächste Generation!

Nach der Krise – Sie entscheiden, zusammenzubleiben

⊖ Finden Sie eine gute Möglichkeit, sich von der dritten Person zu verabschieden, mit der Sie womöglich auch eine intensive Zeit verlebt haben: Schreiben Sie zum Beispiel einen Abschiedsbrief, den Sie abschicken oder auch nicht, oder vereinbaren Sie ein Abschiedsritual (siehe Kapitel 12), das für Sie beide zumutbar ist.
Wenn Sie die betrogene Person sind, versuchen Sie in Wertschätzung und Anerkennung gegenüber der dritten Person zu leben und sie als wichtigen Teil Ihrer gemeinsamen Beziehungsgeschichte zu sehen.

⊖ Wenn Sie die dritte Person sind, versuchen auch Sie einen guten Abschied zu finden, anstatt sich in Wut und Zorn zurückzuziehen. Versuchen Sie die gemeinsame Zeit zu würdigen und zu schätzen.

⊖ Vergebung ist eine wichtige Basis für Ihre Zukunft. Das gilt für Sie beide, denn beide haben etwas dazu beigetragen, dass eine Außenbeziehung möglich wurde. Lassen Sie etwas Zeit vergehen, um das Alte abschließen und sich verzeihen zu können. Dann erst sind Sie wirklich frei, um sich wieder aufeinander einzulassen.

9. DEINETWEGEN MÖCHTE ICH EIN BESSERER MENSCH WERDEN
Liebe bedeutet, dem Partner zuliebe etwas Neues auszuprobieren

Sabine und Roland bereiten sich auf eine Party vor. Als Sabine mit Blumenrock und türkiser Bluse aus dem Schlafzimmer kommt, pfeift Roland anerkennend.

„Wo hast du denn diese schöne Bluse her? Sieht super aus!"

„Meinst du? Ich weiß nicht, das ist alles so bunt."

„Also mir gefällt's!"

Sabine zupft unsicher an ihrer Bluse. In dezenten Farben fühlt sie sich eindeutig wohler. Andererseits mag sie es, wenn Roland ihr Komplimente macht. Unschlüssig verschwindet sie wieder im Schlafzimmer.

20 Minuten später ist es Zeit zu gehen und Roland findet Sabine im Bad – in einem grauen Rock und einem grauen Pulli. Nur der türkise Kragen blitzt am Hals hervor.

„Sabine, was ist denn das? Warum jetzt so grau in grau! Die Farben vorhin waren viel schöner!"

„Lass mich doch in Ruhe. Wir sind zum ersten Mal bei diesen Leuten eingeladen und da mag ich mich nicht so auftakeln."

„Aber jetzt schaust du aus wie eine graue Maus! Also mir gefällt das nicht."

„Und mir gefällt nicht, dass du immer an mir herummäkelst!"

„Aber ich habe dir doch gerade vorhin gesagt, wie hübsch du bist in diesen schönen Farben. Und jetzt? Total unscheinbar! Ich bin echt frustriert!"

Sabine ist beleidigt. „Ich bin auch frustriert. Entweder wir gehen zur Party, so wie ich bin, oder du kannst allein hingehen."

Heißen Sie Konflikte willkommen

Harmonische Beziehungen sind nett. Man streitet nicht, und wenn man sich uneinig ist, lenkt man ein und schluckt die eigenen Wünsche lieber hinunter, anstatt den Partner damit zu konfrontieren. Und man ist stolz, eine „funktionierende" Ehe zu haben, denn Streit wird als Misserfolg gewertet. So kann es passieren, dass man im Laufe der Zeit aneinander vorbeilebt. Denn Vermeidung heißt Stillstand und letztlich oft auch Trennung.

Wenn Sie eine gesunde und lebendige Partnerschaft wollen, dann legen Sie Konflikte offen auf den Tisch. Heißen Sie sie willkommen, denn Konflikte geben Ihnen die Chance zur Entwicklung. Immer dann, wenn Frust entsteht, entsteht auch Energie – und mit dieser Energie ist Bewegung möglich. Nutzen Sie also den Konflikt, um Ihre Beziehung am Leben zu erhalten und weiterzuentwickeln.

90 : 10 – der Doppelpack

Wenn ein bestimmtes Verhalten Ihrer Partnerin Sie wieder und wieder frustriert, können Sie sicher sein: Es steckt immer ein Teil Ihrer Lebensgeschichte dahinter. Irgendwann in Ihrer Kindheit sind Sie in einer ähnlichen Weise frustriert worden und deshalb besonders sensibel. Hätten Sie eine solche Kindheitserfahrung nicht gemacht, dann hätten Sie auch kein Problem mit dem „seltsamen" Verhalten Ihres Partners. Sie würden, anstatt frustriert zu sein, diesem Verhalten entweder wohlwollend entgegentreten – oder es gar nicht sonderlich bemerken.

Jeder Frust sagt mehr über uns selbst aus als über die Qualität der Beziehung. 90 Prozent schreiben wir der eigenen Vergangenheit zu, nur 10 Prozent der aktuellen Situation, in der der Frust ans Tageslicht gekommen ist. Das bedeutet: Wenn Sie Ihrem Konflikt auf den Grund gehen, dann haben Sie erstens ein Stück eigene Lebensgeschichte geheilt und zweitens auch gleich Ihren Beziehungskonflikt gelöst. Das ist doch toll!

Diese 90-10-Regel hat noch einen großen Vorteil. Wenn Sie gerade diejenige sind, die den Partner frustriert hat, dann wissen Sie jetzt: 10 Prozent des Frusts gehen auf Ihre gemeinsame Kappe. Der Rest hat mit seiner Vergangenheit zu tun. Das entlastet Sie. Allerdings waren Sie Auslöser. Und Sie können sicher sein, dass auch Sie eine Kindheitserfahrung finden werden, die der Ursprung für die aktuelle Streitsituation ist.

Das doppelte Geschenk

Sie machen sich beide ein Geschenk, wenn Sie Ihren Frust gemeinsam klären. Sie erhalten die Gelegenheit, den Ursachen auf die Spur zu kommen und alte Wunden zu heilen. Gleichzeitig können Sie den Konflikt in der Partnerschaft auf Dauer lösen.

Das Geschenk für den Frustrierten

Das eigentliche Gift, das eine Beziehung krank macht, ist weniger der Frust selbst als das, was der Frustrierte in das Verhalten seiner Partnerin hineininterpretiert. Ein Beispiel: Immer wenn Hans und Gerda sich treffen, kommt Gerda zu spät. Hans ist frustriert, denn er denkt sich: Sie kommt zu spät, weil ich ihr nicht wichtig bin. Es ist also nicht das Zu-spät-Kommen, sondern das Gefühl, unwichtig zu sein, das in Hans nagt. Ein anderes Beispiel: Susanne würde liebend gerne jede Woche Squash spielen gehen. Doch Peter ist dagegen. Susannes Interpretation heißt: Ich bin es nicht wert, dass ich meinen Freiraum habe. Das tut weh, viel mehr als die Tatsache, dass sie nicht ihrem Hobby nachgehen darf!

Ihre Interpretation ist die Eintrittskarte zu Ihrer Kindheitsgeschichte. Das können bewusst erlebte Geschehnisse sein oder unbewusste Gefühle. Meist sind die frustauslösende Situation und das dahinterstehende Kindheitserlebnis nicht ident. Nur das Gefühl, das in der Kindheit entstanden ist, ist dasselbe wie das, das Sie in der aktuellen Konfliktsituation haben. Hans interpretiert Gerdas Zu-spät-Kommen als Geringschätzung seiner Person, er fühlt sich minderwertig. Die Ursache dieser Interpretation ist nicht unbedingt, dass sein Vater immer zu spät kam, sondern – zum Beispiel – dass seine Eltern generell zu wenig auf seine kindlichen Bedürfnisse Rücksicht genommen haben.

Sich vom Vorwurf verabschieden

„You cannot heal what you do not feel" – dieser englische Spruch drückt am schönsten aus, weshalb wir unseren Liebespartner brauchen, um geheilt zu werden. Hans hatte das Gefühl der Minderwertigkeit schon, als er noch Single war. Doch da hat ihn niemand so frustriert, wie es später Gerda getan hat. Daher war es auch nie notwendig, dem nachzugehen. Erst seit Gerda in seinem Leben ist und immer wieder die richtigen Knöpfe drückt, kann er den alten Kindheitsschmerz wieder spüren.

Es ist nun am Frustrierten, seine 90 Prozent Anteil am Streit zu erkennen, dem nachzugehen und den Vorwurf an die Partnerin langsam zu verabschieden. Das ist die große Herausforderung, denn es ist natürlich viel einfacher, beim Vorwurf zu bleiben, als sich dem Kindheitsschmerz auszusetzen, der am anderen Ende des 90-Prozent-Anteils steht.

Gerda hat Hans bei dieser Aufgabe geholfen. In der Paartherapie erinnerte sich Hans: „Klein und minderwertig fühle ich mich, wenn Gerda zu spät kommt. Genau so habe ich mich früher gefühlt, wenn ich mit meinen Spielsachen tolle Gebilde baute und meine Mutter keine Zeit hatte, um mich zu loben. Sie vertröstete mich immer auf später – doch sie kam selten!" Hans' Geschichte half Gerda, seine Not zu verstehen. Und Hans konnte diesen alten Schmerz auflösen. Das ist das Geschenk für Hans.

Das Geschenk für den, der frustriert

Ihr Partner erwischt Sie genau an der Stelle, an der Sie sich im Laufe der Entwicklung „verbiegen" mussten, um gut zu überleben. Gerda könnte zum Beispiel in ihrer Kindheitsgeschichte einen starken Freiheitsdrang entwickelt haben – etwa weil sie sich zu oft eingesperrt fühlte oder ständig kontrolliert wurde. Ihr Überlebensmuster heißt: Nimm dir die Zeit, die dir zusteht, lass dich von niemandem drängen. Also kommt sie häufig zu spät.

Nur dass dieses Muster heute keine wirkliche Befreiung für sie ist. Nicht nur, dass Hans nörgelt; auch bei beruflichen Terminen hat sie sich schon öfter dadurch geschadet. Das sind gute Anlässe, um zu hinterfragen, ob Gerda dieses Überlebensmuster heute noch braucht.

Überlebensmuster sind toll!

Stellen Sie sich vor, sie verletzen sich am Fuß und mühen sich mit Krücken ab, um von einem Ort zum anderen zu kommen. Mit der Zeit lernen Sie, gut mit ihnen umzugehen, Ihre Arm- und Schultermuskeln entwickeln sich entsprechend und Sie können Ihr Gleichgewicht auch beim Treppensteigen halten. Das Gehen mit Krücken wird Ihnen so selbstverständlich, dass Sie, als Ihr Fuß schon längst geheilt ist, immer noch damit umherlaufen und es Ihnen gar nicht mehr auffällt. Bloß dass die Menschen in Ihrer Umgebung sich wundern, warum Sie sich so seltsam verhalten.

Genauso ist es mit Überlebensmustern. Sie entstanden in einer Situation, in der Sie als Kind überfordert waren und nach „Krücken" suchen mussten, um zurechtzukommen. Als Kind war das überlebenswichtig! Wenn Gerda ihre Krücken aktiviert, sie also zu spät kommt, benutzt sie ein altes Überlebensmuster aus ihrer Kindheit. Gerdas große Herausforderung ist gleichzeitig ihr Geschenk: Wenn sie sich von ihren Krücken befreit, erweitert sie ihren Handlungsspielraum. Sie kann pünktlich kommen, wenn es wichtig ist, oder sie kann es auch einmal weniger genau nehmen. Damit hat sie sich eine noch viel größere Freiheit geschenkt.

Verlernen und lernen – und Platz machen für Neues

Wenn Sie jemandem, der schon viel zu lange mit Krücken geht, diese von einem Tag auf den anderen wegnehmen, wird er umfallen. So ist es mit Überlebensmustern auch. Sie sofort komplett über Bord zu werfen, macht Angst und löst Ablehnung aus. Da bleibt man doch viel lieber bei den alten Gewohnheiten! Diese sind im limbischen System unseres Gehirns gespeichert, das ist jener Teil, in dem unsere Erfahrungen und auch unsere Ängste gespeichert sind. Und es hat die Fähigkeit, eine Situation sehr schnell einzuschätzen, ob sie gefährlich ist oder nicht, und es hat Reflexe parat, um rasch zu reagieren.

Diese Reflexe stellen sich unwillkürlich ein, wir können sie in der Situation nur schwer unterbinden. Wenn Sie diese Reflexe daher langfristig verlernen wollen, brauchen Sie ganz viel Sicherheit. Die können Sie beide sich geben, indem Sie gut und verständnisvoll kooperieren. Sorgen Sie dafür, dass die ersten Schritte klein sind, sodass ein Erfolg wahrscheinlich ist. Jedes noch so kleine Erfolgserlebnis gibt Mut für den nächsten kleinen Schritt.

Kleine Schritte an der Wachstumskante

Die Wachstumskante bezeichnen wir als jenen Punkt, an dem der größte Wunsch der einen mit der größten Not des anderen zusammentrifft. Hans' größter Wunsch heißt: Ich will, dass Gerda pünktlich kommt als Beweis dafür, dass ich ihr wichtig bin. Dieser Wunsch trifft Gerda genau in ihrer größten Not: Sie braucht Freiraum, um atmen und sich bewegen zu können.

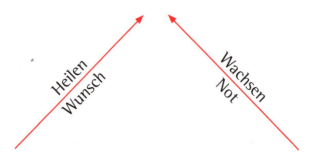

Die Wachstumskante

Gelingt es derjenigen, die die Frustration ausgelöst hat, das Verhalten Schritt für Schritt zu verändern, dann kann der Frustrierte heilen. Gleichzeitig lernt die Verursacherin, ihre Not zu überwinden und ihr Überlebensmuster zu einem gesunden Lebensmuster zu verwandeln. Sowohl der aktuelle Konfliktherd in der Partnerschaft als auch der Schmerz in der Kindheit werden geheilt.

Eine Bitte formulieren: positiv, konkret und messbar

Hans wünscht sich, dass Gerda nie wieder zu spät kommt. Als Frustrierter hat er eine ganz starke Sehnsucht nach Heilung, deshalb muss er sich auch jedes Mal aufregen. Gerda ihrerseits muss ihr Überlebensmuster verteidigen, und so streiten sie regelmäßig. Der Weg aus dieser unerfreulichen Geschichte ist, dass Hans eine Bitte formuliert.

„Na klar", sagt Hans sofort, „ich bitte dich, nie wieder zu spät zu kommen." Das ist eine sehr große Bitte und sie ist viel zu vage formuliert, sodass Gerda ganz bestimmt überfordert wäre.

Positiv formulieren. Wenn Hans sagt, Gerda möge „nie wieder zu spät kommen", formuliert er negativ. „Zu spät" steckt in dieser Bitte – und das ist es, was hängen bleibt. Denn unser Hirn tut sich schwer, negative Formulierungen zu verdauen. Da muss es erst einmal um die Ecke denken. Es ist also besser, wenn Hans sagt, Gerda möge „ab nun pünktlich kommen".

Konkret formulieren. Ein und dieselbe Sache kann von verschiedenen Menschen ganz unterschiedlich gesehen werden. Selbst „pünktlich" birgt verschiedene Interpretationsmöglichkeiten in sich. Manche meinen, sie sind dann pünktlich, wenn sie zehn Minuten vor dem vereinbarten Zeitpunkt da sind. Andere wieder empfinden es als Gebot der Höflichkeit, eine halbe Stunde später zu erscheinen. Es genügt also nicht zu sagen „komm bitte pünktlich", sondern „komm bitte um 18 Uhr".

Messbar formulieren. Bitten brauchen einen Anfang und ein Ende, denn erst dann können beide erkennen, ob sie erfolgreich waren. Hans wünscht sich in seiner großen Sehnsucht natürlich, Gerda möge für immer und ewig um die Uhrzeit erscheinen, die sie vereinbart haben. Doch wann wäre da der Zeitpunkt, wo sich beide über einen Erfolg freuen und ihn vielleicht sogar ein bisschen feiern? Gerda braucht unbedingt Motivation, damit ihr der nächste Schritt leichter fällt. „Toll, ich habe es geschafft!", will sie sagen können.

„Bitte sei in den nächsten drei Wochen fünf Minuten vor Tanzstundenbeginn mit bereits angezogenen Tanzschuhen an der Bar in der Tanzschule." Diese Bitte hat alles, was es braucht, um umsetzbar zu sein, sodass Sie Ihre ersten Erfolgserlebnisse feiern können.

Geschenke annehmen und aushalten können

Die Verhaltensänderung ist ein Geschenk der Person, die den Frust ausgelöst hat. Die schwierigste Aufgabe für den Frustrierten ist nun, dieses Geschenk auch anzunehmen und auszuhalten. Manche sabotieren sich an dieser Stelle selbst, indem sie zum Beispiel den erfolgreichen ersten Schritt abwerten und ihn als kaum erwähnenswert vom Tisch fegen.

Warum wir das tun? Wenn Hans zum vereinbarten Treffpunkt kommt und Gerda erstmals auf die Minute genau eintrifft, dann spürt er plötzlich wieder, was er als Kind so vermisst hat: Wertschätzung. Gleichzeitig kommt der ganze Schmerz hoch – und das ist manchmal so schwer auszuhalten, dass man abwehren muss. Es ist paradox, dass wir Schmerz und Trauer empfinden, wo wir doch ein solch besonderes Geschenk bekommen haben. Und doch ist es so.

Es lohnt sich, das Geschenk anzunehmen und auszuhalten. Nur so lernt das Gehirn, neuronale Verbindungen werden neu verschaltet – und ein Stück der alten Wunde wird geheilt.

Dehnen Sie Ihren Gefühlsmuskel

Auch die Person, die den Wunsch erfüllen will, ist herausgefordert. Denn es gilt, etwas Neues auszuprobieren, mit dem man noch keine Erfahrung hat. Gleichzeitig gilt es, das Alte aufzugeben, an das man sich so gut gewöhnt hat.

Imago spricht vom *Dehnen*, wenn es darum geht, etwas Neues zu versuchen und die dabei auftauchenden Emotionen auszuhalten. Wenn Gerda Hans ein Stück entgegenkommt, indem sie ihm seine Bitte erfüllt, dehnt sie sozusagen ihren „Gefühlsmuskel". Wie kann man sich das vorstellen? Mit den altbekannten Krücken fühlt man sich sicher, doch durch die jahrelange Benutzung sind einige Gefühlsmuskeln verkürzt. Lassen wir die Krücken ein Stück los, dann dehnen wir diesen verkürzten Muskel ein wenig – und der nächste kleine Schritt fällt schon ein bisschen leichter. Man entdeckt, dass es durchaus auch positive Seiten hat, ohne Krücken zu gehen.

Worum es wirklich ging

Roland und Sabine haben die Szene, wie sie zu Beginn des Kapitels geschildert wurde, häufig erlebt. Roland wünschte sich so sehr, seine Frau in lebensfrohen, bunten Farben zu sehen – und brachte Sabine damit regelmäßig in Bedrängnis, denn sie hatte Angst, sich auffällig zu zeigen. Mit Hilfe eines Imago-Therapeuten sind sie den Hintergründen auf die Spur gekommen.

Erkennen Sie die Wachstumskante der beiden? Rolands größter Wunsch – Sabine glücklich zu machen – stößt auf Sabines größte Not – nämlich die Angst, aufzufallen und womöglich anzuecken. „Als ich Sabine im Badezimmer traf und sah, dass sie wieder grau in grau gekleidet war, war ich frustriert", erzählt Roland. Nicht so sehr wegen des Garderobenwechsels, vielmehr wegen seiner Interpretation ihres Verhaltens. „Meine Interpretation hieß: Ich kann sie nicht glücklich machen. Es erinnerte mich unbewusst an einen Schmerz aus meiner Kindheit. Mein Vater hatte schwere Depressionen, und das trübte die Stimmung häufig. Wie viele andere Kinder übernahm ich die Verantwortung dafür, dass mein Vater unglücklich war. Dass es mir nicht gelang, ihn glücklich zu machen, sorgte für einen ganz tief erlebten Frust."

Sabine reagierte auf Rolands Enttäuschung ebenfalls frustriert. Sie fühlte sich zu etwas gedrängt, das so gar nicht zu ihr passte. Sie hatte zwar zunächst Blumenrock und bunte Bluse an, doch gleich schlug ihr altes Verhaltensmuster zu, und schon war sie in unauffällige Farben gekleidet.

Für Sabine war es als Kind ganz schwierig, sichtbar zu sein. „Meine Eltern stritten sehr häufig, und in diesen permanenten Machtkampf hineinzugeraten, war für mich und meine Brüder gefährlich. Unauffällig zu sein war also für mich das sichere Überlebensmuster. Mein älterer Bruder Thomas ging anders damit um. Er kämpfte mit der Mutter um Anerkennung – und musste oft eine Tracht Prügel einstecken. Ein Grund mehr für mich, unsichtbar zu bleiben!", sagt sie.

Wenn sie später als Erwachsene neue Menschen treffen sollte, hatte sie immer Angst, sichtbar zu sein, etwas Falsches zu sagen oder sonst irgendwie unangenehm aufzufallen. In dezenten Kleidern fühlte sie sich sicher. Als sie mit Roland zur Party gehen sollte, war es also nicht ihre Absicht, Roland zu verletzen, sondern nur, sich zu schützen.

Was Sie tun können

Übungsabfolge für die Person, die frustriert ist

1. Interpretation: Welche frustrierende Situation wiederholt sich in Ihrer Beziehung? Wie ist Ihre Interpretation? Und was sagt sie über Sie selbst aus?
2. Kindheit: Welches Gefühl taucht bei diesem Frust auf? Kennen Sie es aus Ihrer Kindheit? Das erste Bild, das Ihnen einfällt, wird das richtige sein!
3. Bitte: Schließen Sie für einen Moment Ihre Augen und spüren Sie nach, was Ihr großer Wunsch an Ihren Partner ist. Formulieren Sie daraus drei Bitten, die positiv, konkret und messbar sind.
4. Annehmen: Stellen Sie sich vor, was passiert, wenn Ihre Partnerin Ihnen diese Bitte erfüllt. Was werden Sie fühlen? Was wird angenehm sein? Was könnte unangenehm sein, wenn Sie das bekommen, was Sie sich gewünscht haben?
6. Boykott: Die letzte Frage mag paradox sein. Tatsächlich passiert es öfter, als man glaubt, dass man die Wunscherfüllung selbst boykottiert. Das würden Sie zum Beispiel tun, wenn Sie zu Ihrem Partner, der endlich pünktlich kommt, sagen: „Mal schauen, ob das nicht nur eine Eintagsfliege war!" Damit würden Sie seine Bemühungen abwerten und Sie beide wären erst recht enttäuscht. Bereiten Sie sich also darauf vor, damit Sie es auch aushalten können, wenn Ihr Wunsch in Erfüllung geht!

Übungsabfolge für die Person, die den Frust auslöst

1. Hintergrund: Überlegen Sie, warum Sie Ihr Verhalten nicht verändern, das Ihre Partnerin immer wieder frustriert. Inwieweit ist Ihre Handlung eher ein kindliches Verhalten als das einer gereiften, erwachsenen Person?
2. Überlebensmuster: Welche tiefe Not steht dahinter, dass Sie dieses Verhalten immer wieder an den Tag legen müssen?

Welche Angst steht dahinter? Welche Angst kommt hoch, wenn Sie sich vorstellen, sich in diesem Punkt zu ändern?
3. Vorbild: Kennen Sie dieses Verhalten aus Ihrer Familie? Gibt es jemanden, der genau dieses Verhalten oder das genaue Gegenteil davon gelebt hat? Wie stehen Sie zu dieser Person, wünschen Sie sich zu ihr vielleicht mehr Nähe?
4. Preis: Sammeln Sie Ideen: Was bleibt in Ihrem Leben auf der Strecke, wenn Sie dieses Verhalten beibehalten? Was kommt dadurch in Ihrer Beziehung zu kurz?
5. Freiheit: Welche Energien und welche Potenziale werden bei Ihnen frei, wenn Sie Ihrer Partnerin ein Stück weit entgegenkommen? Welche Angst werden Sie überwinden, die Sie eventuell in der Kindheit schon gut gelernt haben, wenn Sie der Bitte Ihres Partners nachkommen?
6. Vertrauen: Welches Vertrauen gewinnen Sie dann wieder zurück, wenn Sie Ihrem Partner in diesem Punkt einen Schritt entgegenkommen?

10. ICH HAB MEINER FRAU ERST LETZTEN SOMMER GESAGT, DASS ICH SIE LIEBE
Liebe ist eine Aktivität, kein Zustand

„Wer könnte denn das sein?", wundert sich Sabine, als es am Spätnachmittag ihres Geburtstags an der Wohnungstür läutet. Als sie Rolands gespielt unschuldigen Blick erhascht, zieht sie Unheil ahnend eine Augenbraue hoch.

Sie öffnet die Tür – und Rudi, Rolands bester Freund, überreicht ihr eine Geburtstagstorte. „Alles Gute zu deinem 22.!"

„Was ... wieso?", stammelt Sabine, „Wieso weißt du, dass ich Geburtstag hab?" Schüchtern nimmt sie die Torte entgegen und lächelt verlegen.

Im selben Moment läutet es wieder. Sabine wirft einen erschrockenen Blick auf Roland, der sich sein breites Grinsen kaum mehr verkneifen kann. Es sind Christa, Sascha, Wolfgang, Sanna und andere Freunde.

„Was macht ihr denn alle hier?"

„Na, deinen Geburtstag feiern natürlich! Alles Gute, liebe Sabine!"

Sabine steht da wie gelähmt, lässt sich abküssen und Blumen überreichen und bringt kaum einen Ton heraus.

„Was soll das?", raunt sie Roland mit finsterer Miene ins Ohr, als sie ins Wohnzimmer weitergehen. Roland, der sich wochenlang ausgemalt hat, wie sehr sich Sabine über diese Überraschung freuen würde, ist verärgert über Sabines bösen Blick. „Na, das ist mein Geburtstagsgeschenk an dich. Eine Überraschungsparty!"

Als um halb drei Uhr nachts die Gäste wieder verschwunden sind, platzt es aus Sabine heraus: „Was hast du dir bloß dabei gedacht, so viele Leute einzuladen? Du weißt doch, dass ich solche Menschenansammlungen nicht mag!"

"Aber ich wollte dir doch ein ganz besonderes Geschenk machen. Das ist gemein, dass du dich gar nicht darüber freust. Monatelang hab ich mich abgerackert, alle haben dichtgehalten, um dir eine Freude zu machen, und jetzt das! Also ich würde mich wahnsinnig freuen, wenn du einmal so etwas für mich machen würdest! Aber von dir kommt ja so etwas nicht."

Liebe will gestaltet und entwickelt werden

Solange wir in den ersten Monaten unserer Beziehung Schmetterlinge im Bauch haben, sind alle unsere Sensoren ausgefahren, um unserer Angebeteten möglichst alle Wünsche von den Lippen abzulesen. Wir bemühen uns, großzügig, liebevoll, hilfsbereit, verführerisch zu sein, und normalerweise gelingt uns das auch. Wir sind ganz besonders aufmerksam, immer wieder kreist unser Denken um den geliebten Menschen. Wir wollen ihn glücklich machen und dabei selbst glücklich sein, für immer. Das, so denken wir, ist die wahre Liebe: wenn der eine weiß, was der andere will und braucht. Wenn man sich versteht, ohne lang und breit darüber reden zu müssen. So zeigt sich der siebente Himmel in seiner Reinform!

Jaja, hören wir Sie jetzt seufzen, wenn das nur auf Dauer wäre! Denn Sie haben vermutlich die Erfahrung gemacht, dass es anders kommt. Wenn sich langsam, aber sicher der Alltag einschleicht und sich die Antennen wieder auf Normalfrequenz einstellen, ist man oft enttäuscht von der Liebe, vom Schicksal, von der Partnerin, vom Partner. Das liegt daran, dass wir einem Irrtum aufliegen. Wir glauben, dass dauerhafte Liebe reine Glückssache ist. Entweder hat man den richtigen Partner gefunden oder eben nicht, und wenn nicht, dann hat man Pech gehabt und muss weitersuchen.

Tatsächlich ist Liebe kein Zustand, sondern eine Aktivität. Liebe, wahre Liebe, will gestaltet und entwickelt werden. Und:

Es gibt nicht „die" Liebe. Jedes Paar hat seine eigene und muss sie auf seine individuelle Art formen. Das ist wie mit Blumen, für die es auch kein Einheitsrezept gibt, damit sie gedeihen. Jede Blume hat ihre eigenen Vorlieben. Eine Orchidee zum Beispiel braucht feuchte, lockere Erde und einen sonnengeschützten Platz, ein Elefantenfuß hingegen hat es lieber trockener und liebt es, in der warmen Sonne zu stehen. Wenn Sie Blumen also wirklich lieben, dann werden Sie sie nach ihren individuellen Bedürfnissen pflegen.

Es reicht nicht, die Liebe als gegeben hinzunehmen. Sie müssen etwas tun – und damit Sie das Richtige tun, finden Sie heraus, was Sie beide brauchen, um sich wirklich geliebt zu fühlen. Und glauben Sie nur ja nicht, dass Sie beide exakt dasselbe brauchen!

Von sich auf andere schließen

Sie kennen vielleicht die Geschichte, in der die Ehefrau ihrem Mann beim täglichen Frühstück die Oberseite der Semmel gibt, weil sie glaubt, dass er die lieber hat. Bis die beiden dann nach 30 Jahren endlich einmal darüber reden und feststellen, dass der Mann nur deshalb die Oberseiten isst, weil er glaubt, sie hätte lieber die Unterseite – was gar nicht stimmt. Seitdem bereitet jeder sein Frühstücksbrötchen selbst vor.

So ist es typisch: Man zeigt seine Liebe so, wie man sie selbst gerne empfangen möchte. Man schließt von seinen eigenen Vorlieben auf die der Partnerin. Aus Liebe ruft man täglich im Büro an und muss sich dann wundern, dass der Partner das mehr als Störung denn als Liebesbeweis betrachtet. Oder man bringt jede Woche Blumen mit nach Hause und muss feststellen, dass sie bereits entsorgt werden, noch bevor sie welken.

Sag mir, dass du mich liebst

Man könnte es als einen Streich der Natur bezeichnen, dass sich meistens der eine das wünscht, was für den anderen die Hölle bedeutet. In unserer Praxis mit Paaren beobachten wir das regelmäßig. Körperkontakt ist ein gutes Beispiel: Für die eine ist er notwendig wie ein Bissen Brot, für den anderen schwer auszuhalten. Der wiederum zieht es vor, seine Liebe verbal auszudrücken.

Apropos verbal: Auch die magischen drei Worte „Ich liebe dich" sind für die einen so leicht zu sagen, die anderen bekommen sie kaum über die Lippen. Und beides wird gerne missinterpretiert. Wenn wir jemandem sagen: „Ich liebe dich", so ist das genauso viel oder wenig ein Liebesbeweis, wie das Nichtsagen-Können ein Beweis für mangelnde Liebe ist.

Und doch ist dieser kleine Satz etwas Besonderes. In ihm ist die ganze Liebe aufgeladen und er erzeugt eine ganz besondere Schwingung. Manche Paare mögen eine etwas andere Formulierung verwenden, doch die Magie, die er verbreitet, ist immer ganz speziell. Auch ein Kosename – zur richtigen Zeit am richtigen Ort und in der passenden Tonalität ausgesprochen – kann diese Wirkung haben. Andererseits ist natürlich klar: Um Liebe als Aktivität zu verstehen, braucht es mehr als eine verbale Liebesbekundung.

Fragen und hinterfragen

„Da kann es mit der Liebe nicht weit her sein, wenn ich dem anderen sagen muss, was ich gerne hätte", hören wir immer wieder als Einwand, wenn wir in unserer Praxis vorschlagen, sich gegenseitig zu fragen, was sie sich vom anderen wünschen. Die Vorstellung, Liebe sei dann perfekt, wenn man die Wünsche des anderen von den Lippen ablesen kann, hält sich hartnäckig.

Nun, die Sache ist die: Wer nicht fragt und nicht darüber sprechen will, begibt sich in die Gefahr, missverstanden zu werden oder gar etwas zu tun, das genau das Gegenteil bewirkt, als man beabsichtigt. Es kann sein, dass man „diesen Blick, den sie immer aufsetzt, wenn ich Sex haben will" richtig interpretiert. Es ist jedoch viel wahrscheinlicher, dass die Tatsache, dass die Partnerin körperlich lieber mehr Distanz sucht, ganz andere Gründe hat, die viel tiefer liegen.

Die Vorlieben, wie jemand Liebe gezeigt bekommen möchte, haben ihren Ursprung in der frühen persönlichen Lebensgeschichte. Ein Beispiel: Für Barbara ist es das Schönste, wenn sie einen Abend mit ihrer Liebsten Klara verbringen kann. Ein Abend, wo Klara nur für sie Zeit hat und für sonst niemanden. Ein Abend in einem ruhigen Ambiente, an dem sie sich nur unterhalten, vielleicht essen gehen, ein Gläschen Wein trinken, an dem nur sie wichtig ist und im Mittelpunkt steht. Dieser Wunsch ist sehr verständlich, wenn man weiß, dass Barbara in einer großen Familie mit fünf Geschwistern aufgewachsen ist, wo es immer hoch herging und sie als Einzelperson selten wahrgenommen wurde. Klara umgekehrt fühlt sich besonders geliebt, wenn sie mit Barbara im Bett ist und sie sich körperlich so nahe wie nur irgendwie möglich sind. Auch das ist verständlich: Klara war ein Einzelkind, das immer viel Aufmerksamkeit bekam, doch waren die Eltern körperlich sehr distanziert und es gab wenig Umarmungen und Kuscheleien.

Fragen Sie Ihre Partnerin doch einmal, wie sie als Kind Liebe erfahren hat. Was hat sie als schön erlebt, was hat ihr gefehlt? Sie werden überrascht sein, wie einfach es zu verstehen ist, was Ihre Partnerin wünscht und besonders braucht.

Give me five!

Jedes negative Verhalten, jede Klage, Gleichgültigkeit und jeder Wutausbruch beeinträchtigt den Paarzwischenraum. Eine Regel ist in diesem Zusammenhang besonders wertvoll: die 5-zu-1-Regel. Für jede negative Aktion sollte es am selben Tag mindestens fünf positive Verhaltensweisen geben. Auf die Art sorgen Sie für ein harmonisches Gleichgewicht, das der Beziehung guttut.

Wenn sich Ihre Partnerin also das nächste Mal beschwert, strecken Sie ihr die Hand entgegen, sodass sie einklatschen kann: Give me five! Sie werden sehen, das wird Ihr Leben verändern.

Die fünf Sprachen der Liebe

Liebe ist also eine Aktivität, die man gestalten kann, und nicht ein Zustand, der einem widerfährt. Man unterscheidet fünf Grundformen, die Sie konkret ins Auge fassen können und die Ihnen Anregung geben sollen.

Geschenke und Überraschungen

Bei Geschenken denkt man zunächst an die diversen Anlässe wie Weihnachten, Geburtstage, Hochzeitstag. Man denkt an sinnvolle Geschenke und Verlegenheitsgeschenke. Und man denkt an Geschenke, über die man sich freut, weil man mit ihnen wirklich etwas anfangen kann. Wir haben ein paar Anregungen, wie Ihre Geschenke sinnvoll und überraschend sind und tatsächlich Freude bereiten. Ein Grundsatz gilt auch hier: Schließen Sie nicht von sich selbst auf Ihren Partner. Wenn Sie eine Naschkatze sind, Ihre Partnerin aber salziges, pikantes Essen bevorzugt, sollten Sie ihr nicht gerade Pralinen schenken. Überlegen Sie, was Ihr Partner gerne mag – oder bitten Sie ihn, eine Liste zu erstellen, die Sie vielleicht gleich für mehrere Anlässe verwenden können.

Schenken Sie selbstlos. Wenn Sie Ihrer Angebeteten Pralinen überreichen in der Hoffnung, sie dann selbst essen zu können, haben Sie sich selbst etwas Gutes getan. Und wenn Ihre Partnerin ein Sportmuffel ist, Sie aber gern regelmäßig mit ihr ins Fitness-Center gehen möchten, dann wird eine Sporthose nicht das Richtige sein.

Schenken Sie antizyklisch. Wenn Sie Ihre Beziehung wirklich bereichern wollen, dann nutzen Sie nicht nur die traditionellen Anlässe, sondern auch zwischendurch – den Überraschungsbonus haben Sie auf jeden Fall auf Ihrer Seite.

Geschenke müssen nicht teuer sein – und sie können auch gar kein Geld kosten. Überraschen Sie Ihre Frau nach dem Büro mit einem spontanen Spaziergang nur zu zweit oder einem neuen Schreibblock, weil Sie wissen, dass sie immer wieder einen braucht.

Körperkontakt

Für den einen ist ein Schulterklopfen genau das Richtige, die andere mag es, seine Hand auf ihrem Rücken zu spüren. Es ist auf jeden Fall sehr sinnvoll, wenn Sie sich Rückmeldung holen. Versuchen Sie wahrzunehmen, wie sich Ihr Partner verhält, wenn Sie ihn umarmen.

Viele Menschen haben in der Kindheit wenig Körperkontakt bekommen und brauchen ihn dringend. Ein Mensch, der seine Arme ausbreitet und sagt: „Komm in meine Arme!", schenkt dem anderen das Gefühl und die Sicherheit, körperlich willkommen zu sein. Gleichzeitig gibt es auch Menschen, die in der Kindheit körperliche Gewalt, Übergriffe oder Missbrauch erlebt haben. Für diese ist Körperkontakt oft mit Ambivalenz verbunden. Da ist es wichtig hinzuspüren, wie die Partnerin reagiert und wie es einem selbst dabei geht, wenn man umarmt oder auf andere Art körperlich berührt wird.

Erwachsene gehen mit Kindern oft nicht sensibel genug um. Umso wichtiger ist ein Austausch, um zu erfahren, wer welche Form der körperlichen Zuwendung zu geben und zu nehmen bereit ist und wo es Entwicklungspotenzial gibt. So ist zum Beispiel für Hans die körperliche Nähe zu seiner Susanne gerade auch in Anwesenheit anderer wichtig. Wenn sie sich mit Freunden treffen, hält er gerne ihre Hand, legt seinen Arm um ihre Schulter oder drückt sie zwischendurch einmal kurz an sich. Susanne lässt ihn gewähren, doch solche Gesten hat sie lieber in einer intimen Atmosphäre.

Für beide wäre es gut, sich am anderen zu orientieren und sich ein Stück weiterzuentwickeln. Wenn sie sich das nächste Mal mit Freunden in einem Lokal treffen und Hans seinen Arm um ihre Schulter legt, könnte sie zum Beispiel ihre Hand auf sein Knie legen, und sei es nur für eine kurze Zeit. Umgekehrt wäre es schön, wenn Hans es nicht übertreibt, damit Susanne sich wohlfühlen kann.

Eine besondere Form des Körperkontakts ist Sex. Sie ist deshalb so besonders, weil wir uns nackt zeigen, wir also die letzten Schutzhüllen fallen lassen. Das macht uns sehr verletzbar. Im Grunde genommen ist Sex eine einfache Sache – und doch ist Intimität und Sexualität in einer Beziehung sehr komplex und vielschichtig. Das Kapitel 11 beschäftigt sich daher ausschließlich mit diesem Thema.

Wertschätzung und Komplimente

„Aber Schatz, ich hab dir doch erst voriges Jahr gesagt, dass ich dich liebe. Sicher liebe ich dich!" Auch wenn Sie das Gefühl haben, es wäre doch glasklar, dass Sie Ihre Partnerin lieben: Sagen Sie es ihr öfter. Wiederholen Sie auch das Selbstverständliche.

Für den Fall, dass Ihnen die drei Worte schwer über die Lippen kommen, gibt es auch noch viele andere verbale Möglichkeiten, Wertschätzung auszudrücken: „Das Hemd steht dir ganz ausgezeichnet." „Toll, wie du unseren Jüngsten gerade vorhin davon überzeugt hast, die gekochten Karotten zu essen." Oder auch: „Danke, dass du heute so gut gelaunt bist. Meine trüben Gedanken sind jetzt wie weggeblasen!"

Ein wichtiger Tipp: Formulieren Sie Komplimente und Wertschätzungen bitte immer positiv, sonst schwingt ein versteckter Vorwurf mit und alle Liebesmüh ist umsonst gewesen. Positiv heißt, dass Sie die Worte „kein" und „nicht" vermeiden. Ein Beispiel: „Ich schätze es, dass du heute den ganzen Tag nicht genörgelt hast und auch gar kein finsteres Gesicht gemacht hast." Das ist keine Wertschätzung, sondern eher ein Hinweis darauf, wie die Person sonst immer ist. Versuchen Sie es positiv: „Schön, dass du heute so lebendig und gut gelaunt bist, deine Augen funkeln richtig!"

Gut ist es auch, wenn Sie Ihre Wertschätzung präzisieren und ganz konkret beschreiben: „Es war so schön mitanzusehen, wie du heute Morgen mit den Kindern im Bett gespielt und gelacht hast." Damit geben Sie Ihrem Partner ein genaues Bild der Szene und machen es ihm leichter zu wiederholen, was Ihnen gefällt.

Auch die Tonalität ist wichtig beim Komplimente-Machen. Probieren Sie einmal aus, „Hallo Maria, schön, dass du da bist!" in verschiedenen Tonmodalitäten zu sagen: warm und liebevoll, ungeduldig und schnell, geschäftsmäßig, mit einem Lächeln im Gesicht, mit verkniffenem Mund. Merken Sie den Unterschied? Ein liebevoller Ton trägt viel dazu bei, dass sich Ihr Gegenüber mit Ihnen verbunden fühlt.

Ihre Wertschätzung können Sie auch schriftlich ausdrücken. Eine Nachricht mit den Worten „Ich denke gerade an dich und freue mich auf den Abend mit dir" kann Ihre Liebste auch im Meeting lesen und sich darüber freuen. Oder Sie schreiben „Hallo Kuschelmaus" auf einen Zettel und kleben ihn auf den Schminkspiegel. Oder Sie kritzeln „Ich liebe dich" an den Rand des Einkaufszettels, weil Sie wissen, dass heute er dran ist mit dem Einkauf.

Apropos Kuschelmaus. Kosenamen oder Abkürzungen sind eine liebevolle Art, Verbundenheit zu zeigen – wenn sie willkommen sind! Erstens gibt es Bezeichnungen, die man aus der Kindheit mitnimmt und daher schon lange nicht mehr stimmig sind. Die kleine Susi ist in der Zwischenzeit schließlich erwachsen geworden und fühlt sich als Susanne wesentlich ernster genommen. Zweitens haben wir auch von Kosenamen gehört, deren Zärtlichkeit nicht unbedingt leicht zu erkennen ist. Andreas hat zum Beispiel zu Beginn seine Liebste gern „Kröte" genannt. Er legte all seine Liebe in dieses Wort, wenn er es aussprach, und doch: Isabella war entsetzt! Geschmäcker sind bekanntlich verschieden. Daher unser Appell: Fragen Sie nach, ob der Kosename willkommen ist.

Gemeinsame Zeit – exklusiv nur für Sie beide

In unserer von den Medien dominierten Welt bleibt oft wenig Zeit für die Beziehung. Gespräche werden unterbrochen, weil gerade das Handy läutet. Man möchte die Nachrichten sehen und den anschließenden Film, zwar gemeinsam, doch ist die Aufmerksamkeit auf den Fernseher gerichtet. Die Kinder wollen, dass die Eltern für sie da sind. Im Beruf sind Überstunden angesagt oder es muss dringend eine Arbeit übers Wochenende fertig werden.

Daher ist es wichtiger denn je: Schaffen Sie für sich Zeitinseln, und wenn es nur eine halbe Stunde ist. Emilia und Daniel treffen sich zum Beispiel jeden Abend, nachdem sie die Kinder ins Bett gebracht haben, bei ihrem „Raucherfenster" auf eine Zigarette und unterhalten sich. Das machen sie seit vielen Jahren, und obwohl sie sich vor Längerem das Rauchen abgewöhnt haben, behalten sie das Ritual mit dieser einen Zigarette bei. Die ganze Familie kennt das „Raucherfenster", auch die Kinder wissen, dass die Eltern dann absolut Pause haben und nicht gestört werden dürfen.

Natürlich verbringt man auch Zeit miteinander, wenn man einen TV-Film ansieht oder mit den Kindern in den Park geht. Doch der Fokus ist anders. Ein exklusives Zeitfenster bedeutet, dass Sie nur zu zweit sind und Ihre Aufmerksamkeit zu 100 Prozent beim anderen ist.

Hilfsbereitschaft

Die Frage „Kann ich dir helfen?" demonstriert Ihre Zuneigung. Die Frage „Womit kann ich dir helfen?" macht darüber hinaus noch klar, dass Sie in den Startlöchern stehen, um Ihrer Liebsten zur Seite zu stehen. Und beide Fragen sind natürlich nur dann ein Beweis Ihrer Liebe, wenn sie ernst gemeint sind und ohne Unterton.

Wenn Ihre Partnerin krank ist, sollten Sie selbstverständlich auch fragen, was Sie für sie tun können. Doch gerade wenn man krank ist, fällt es einem manchmal schwer, Wünsche zu formulieren. Bei Krankheit sollten Sie das berücksichtigen. „Ich bringe dir jetzt das Fieberthermometer und wenn du möchtest, bringe ich dir Tee" ist ein konkretes Angebot, auf das das arme hustende, schniefende Geschöpf vor Ihnen nur noch ja oder nein sagen braucht.

Es ist so praktisch, wenn vier Hände zugreifen anstatt nur zwei. Doch viel wichtiger ist das Gefühl, das Sie mit Ihrer Hilfsbereitschaft vermitteln: Du bist nicht allein! Deshalb macht es auch traurig, wenn die Partnerin so gar nicht in der Küche mithelfen will oder die Autopflege immer nur an einer Person hängen bleibt.

Hilfe kann auch darin bestehen, zuzuhören. Das ist vielleicht sogar die wichtigste Form der Hilfsbereitschaft. Wenn Ihre Partnerin ein Problem hat – mit ihren Eltern, im Job etc. –, dann ist Ihr offenes Ohr der beste Liebesbeweis. Das gibt ihr das Gefühl, dass Sie ihr beistehen, für sie da sind – und sie kann ihr Problem viel leichter und selbstsicherer lösen.

Worum es wirklich ging

Was passiert, wenn einer etwas schenkt, das er eigentlich selbst gerne bekommen hätte? Er sorgt dafür, enttäuscht zu werden. Roland stellte es sich als das schönste Geschenk vor, überrascht zu werden. Deshalb organisierte er zu Sabines Geburtstag diese Party, ohne daran zu denken, dass Sabine solche Feste fürchtet wie der Teufel das Weihwasser.

Rolands Kindheit war geprägt durch klare Strukturen und klare Regeln, die viel Sicherheit gaben. So etwas Unsicheres wie eine Überraschung gab es nur selten. Umso mehr genoss es der kleine Roland, wenn sein Onkel aus Amerika zu Besuch kam. „Er hob mich auf seine Schultern und ging mit mir einfach drauf los. Für mich war das Abenteuerlust pur und gleichzeitig fühlte ich mich so genährt, weil mein Onkel mir so viel Aufmerksamkeit schenkte." *Aus solchen glückseligen Erlebnissen entstand in Roland die tiefe Sehnsucht, immer wieder überrascht zu werden.*

„Als ich Sabines Geburtstagsparty organisierte, hätte ich daran denken sollen, dass es mehr meine Sehnsucht war, die ich auf Sabine übertrug. Es wäre klüger gewesen zu überlegen, ob das für Sabine überhaupt das richtige Geschenk ist", *sagt Roland heute.*

Zwischen Sabines Eltern gab es viele Spannungen und viel Streit. Viel Aufmerksamkeit zu bekommen, das konnte für einen Moment lang schön sein. Doch sicherer war es, nicht aufzufallen. „Ich habe zwei ältere Brüder, die die Strenge meiner Mutter zu spüren bekamen. Als ich auf die Welt kam, war sie etwas gelassener. Das war für meine Brüder oft genug Anlass zur Eifersucht. Wenn ich Anerkennung bekam, fühlte ich mich meinen Brüdern gegenüber daher schuldig."

Als Roland ihr das Überraschungsfest schenkte, kam die ganze Angst wieder hoch, es könnte ihr jemand diese Aufmerksamkeit neiden. „Es war an mir zu lernen, dass ich annehmen kann, was ich an Liebe bekomme. Und dass ich niemandem etwas wegnehme, wenn man mir Liebe schenkt."

20 Jahre später hat es Roland wieder gewagt, Sabine mit einer ähnlichen Party zu überraschen – und diesmal konnte Sabine sich wirklich freuen und Rolands Wertschätzung voll und ganz annehmen.

Was Sie tun können

⊕ Notieren Sie zehn Möglichkeiten, wie Sie überrascht werden wollen. Das kann etwas Materielles sein – Blumen, ein Buch etc. – oder etwas Immaterielles – vom Büro abgeholt werden, ein Anruf etc. Bitten Sie Ihren Partner, das Gleiche zu tun.

⊕ Schreiben Sie zwei Wochen lang täglich auf, was Sie an Ihrer Partnerin schätzen oder lieben, unabhängig davon, ob sie dieses Verhalten oder diese Eigenschaft zurzeit gerade zeigt oder nicht. Notieren Sie jeden Tag eine Wertschätzung und kleben Sie sie an einen Platz, wo sie sie bestimmt zu sehen bekommt.
Differenzieren Sie dabei zwischen Eigenschaft und Verhalten: „Ich schätze deinen Humor" ist die Wertschätzung für eine Eigenschaft. Mit „Ich schätze, dass du am Wochenende mit mir zu meiner Familie gefahren bist" zeigen Sie Ihre Anerkennung über sein Verhalten.
Platzieren Sie solche Wertschätzungs-Zettelchen auch dann, wenn Sie sich an einem Tag gerade über Ihre Partnerin geärgert haben. Das hilft, den Fokus auf das Positive zu legen.

⊕ Bitten Sie Ihren Partner, von seinen Festen in der Kindheit zu erzählen. Welche waren ihm besonders angenehm oder unangenehm? Was ist daher für ihn heute besonders wichtig?

⊕ Überlegen Sie gemeinsam, welches Ritual in Ihrer Beziehung fällig ist: der Jahrestag, der baldige Geburtstermin Ihres Kindes, die baldige Hochzeit?

⊕ Überlegen Sie gemeinsam, welche Aktivitäten Ihnen abhandengekommen sind, die Ihnen beiden Spaß gemacht haben: Wann waren Sie das letzte Mal in der Tanzschule, im Konzert, im Kino?

11. SEX ODER: DAS EINFACHSTE AUF DER WELT
Leidenschaft braucht Sicherheit

Wie jedes Jahr fahren Sabine und Roland mit ihren Kindern und mit Freunden in den Ferien zum Schifahren. Am ersten Abend sitzen sie alle gemütlich beisammen, sie schmieden Pläne für den nächsten Tag, es wird ausgelassen geplaudert und gelacht. Immer wieder muss Roland seiner Frau übers Haar streichen, sie küssen und sie berühren – so glücklich ist er, dass alle beisammen sind und er seinen Liebsten nahe sein kann.

„Ich liebe dich", sagt er auf dem Weg ins Zimmer, „ich freu mich, dass wir es so schön haben."

„Mmmh … Ach, bin ich müde! Ich freue mich jetzt aufs Bett, war ein anstrengender Tag."

„Schätzchen, ich freue mich auch aufs Bett und vor allem darauf, was wir da machen werden!"

Oben im Zimmer sagt Sabine: „Du, mir ist richtig schlecht. Ich glaube, ich hab zu viel gegessen. Und ich bin so müde!"

Während Sabine ins Badezimmer geht, legt sich Roland frustriert aufs Bett und schaltet den Fernseher ein.

„Ach, das ist fein. Du willst fernsehen?"

„Ich will nicht fernsehen, ich will mit dir Sex haben. Aber dir passt es offenbar wieder einmal nicht."

„Also das ist jetzt aber unfair! Außerdem ärgere ich mich schon die ganze Zeit über dich, wie soll ich da Sex mit dir haben wollen?"

„Was heißt, du ärgerst dich über mich? Worüber denn?"

„Ich sag nur: Stereoanlage."

„Ach du liebe Zeit, ich dachte, das hätten wir ausdiskutiert!"

„Was heißt ausdiskutiert! Du hast eine Stereoanlage gekauft, ohne mich zu fragen. Du hast mich einfach ignoriert und hast allein entschieden. Als wäre ich nicht wichtig!"

„Interessant, dass dir solche Dinge immer dann einfallen, wenn wir Sex haben könnten."

„Ich will doch nicht mit dir schlafen, wenn du mich so übergehst!"

„Und ich dachte, du willst keinen Sex, weil du zu viel gegessen hast!"

Die einfachste Sache der Welt?

Ob Sex nun das Leichteste auf der Welt ist oder das Komplizierteste, darüber scheiden sich die Geister. Überhaupt gibt es sehr viele verschiedene Meinungen: Sex wäre nur eine Frage der Technik oder der Erfahrung – oder doch eine Frage, wie sehr man sich liebt? Vom Kamasutra bis zur Sex-Hotline gibt es Ratschläge, wie man die Schäferstündchen so beglückend wie möglich gestalten kann. Es gibt Empfehlungen, an denen man sich orientieren soll und die die schönste Nebensache der Welt zum Leistungssport erheben: Sie haben weniger als dreimal die Woche Sex? Dann arbeiten Sie dran! Oder: Sie sind über 50? Dann ist Sex ohnehin nicht mehr wichtig. Diese vielen verschiedenen Meinungen verwirren mehr, als dass sie uns nutzen.

Sex ist das Ergebnis vieler Faktoren, das ist unsere Erfahrung. Wie erfüllend der Sex in einer Beziehung ist, hängt davon ab, wie sich die Beziehung insgesamt entwickelt hat, welche Erfahrungen aus früheren Beziehungen gemacht wurden, welche Kindheitserfahrungen man gemacht hat, welches Vorbild die Eltern abgeben und noch vieles andere mehr. Sex ist also ein ganzes Wollknäuel, das es zu entwirren gilt, wenn die Intimität eines Paares zu wünschen übrig lässt.

Der Sex an sich, also der physische Vorgang, ist tatsächlich einfach. Das, was ihn so kompliziert macht, sind die Geschichten, Projektionen, Befürchtungen und Verletzungen, die mit unserer persönlichen Entwicklung zusammenhängen. Als Kind werden wir mit dem gesamten Potenzial geboren, das wir für unser Leben brauchen, also auch mit dem Potenzial für Sexualität. Betrachten Sie doch einmal ein Baby: Sie werden Lebendigkeit, Entspanntheit, Freude, Neugierde, Genuss bemerken, mit dem es die Welt entdecken will. All diese Anlagen sind auch die Basis für eine erfüllende Sexualität, die dieses Baby später als Erwachsene haben wird.

Dieses Potenzial ist uns also angeboren. Mit unserer Sozialisierung und unserer Erziehung geht jedoch manches verloren, manches wird verstärkt, manches aberzogen. Wenn sich zwei erwachsene Menschen schließlich begegnen, dann begegnen sie sich mit unterschiedlichen Einstellungen zur Sexualität. Nicht nur das, sie haben vielleicht auch Erfahrungen in früheren Beziehungen gemacht und wollen das entweder wiederhaben oder – ganz im Gegenteil – nie wieder erleben.

Sie sehen also: Ihre Bedürfnisse, Ängste und Wünsche, die Sie bezüglich Intimität und Sex haben, sind sehr individuell – und dasselbe gilt für Ihre Partnerin, Ihren Partner. Finden Sie den Sex, der zu Ihnen beiden passt, wie auch immer er gestaltet ist. Lassen Sie sich nicht von Freunden oder von den Medien weismachen, was „der perfekte Sex" ist. Gehen Sie lieber selbst auf Entdeckungsreise und lassen Sie sich von uns anregen, über die verschiedenen Themen rund um den Sex nachzudenken.

Erotik und Sex

Erotik und Sexualität werden oft als Synonyme verwendet, obwohl sie das gar nicht sind. Erotik bezeichnet die sinnlich-geistige Zuneigung, die wir einem anderen Menschen entgegenbringen. Sie ist der Stimulus, die Anbahnung zum Sex. Wir fühlen uns erotisiert, wenn wir Händchen haltend spazieren gehen, uns vielsagende Blicke zuwerfen, unserer Stimme ein gewisses Timbre verleihen. Manchmal reicht eine sanfte Berührung am Rücken, und schon fühlen wir uns angezogen, vielleicht sogar erregt.

Wenn ein Paar keinen Sex hat, dann kann es zwei Gründe haben: Es mangelt an Sicherheit oder es mangelt an der Erotik. Erotische Gesten wiederzubeleben kann ein wirksamer Weg sein, um wieder Sex haben zu können.

Wer ist schuld am fehlenden Sex?

Wenn Sie Ihrer Partnerin die Schuld zuschieben, dass bei Ihnen im Bett schon länger nichts mehr läuft, dann werden Sie vermutlich festgestellt haben: Vorwürfe bescheren Ihnen kein besseres Sexualleben. Wenn Sie sich selbst die Schuld geben, verhält es sich nicht anders. Denn sobald nur eine Person die Verantwortung übernimmt, bekommt die Beziehung Schieflage.

Die Frage, die Sie weiterbringt, heißt: Was ist in unserer Beziehung verloren gegangen, dass wir keinen oder wenig Sex haben? Damit begegnen Sie sich auf gleicher Höhe und werden Antworten und Lösungen finden. Die Ursachen finden sich oft in der Vergangenheit, in Kindheitserlebnissen, im Vorbild der Eltern, in früheren Sexerfahrungen, in früheren Beziehungen.

Beide tragen dazu bei, und es gibt viele Möglichkeiten, Sex zu verhindern: Migräne, Stress im Büro, die Kinder im Nebenzimmer, Müdigkeit. Man geht deutlich später oder früher zu Bett, als es der Partner tut. Man muss unbedingt diesen Krimi zu Ende lesen. Und auch so können Sie Sex verhindern: indem Sie zu sehr drängen, der Partnerin ein schlechtes Gewissen einreden, nicht auf seine oder ihre bevorzugten sexuellen Wünsche eingehen, es nicht auch einmal nur beim Kuscheln belassen können etc. Es lohnt also, darüber nachzudenken, was man selbst dazu beiträgt, dass der Sex zu wünschen übrig lässt.

Irene und Viktor hatten zum Beispiel lange Zeit gar keinen Sex. Viktor war beruflich sehr belastet und litt unter schweren

Depressionen. Ein Selbstmordversuch konnte nur durch die Wachsamkeit der um ihn lebenden Menschen vereitelt werden. Als diese Krise überstanden war, machte er Irene für seinen Selbstmordversuch verantwortlich, weil sie nicht mehr mit ihm schlief. Zum Glück akzeptierte Irene diese Anschuldigungen nicht, und trotzdem hatte sie damit großen Stress und auch Schamgefühl, denn irgendwie erreichte sie dieser Vorwurf doch. Letztlich entfernten sich die beiden nur noch mehr voneinander.

Viktor und Irene kamen schließlich in die Paartherapie. Im Laufe der Gespräche wurde Viktor klar, dass der fehlende Sex etwas war, das sie beide gestaltet hatten. Beide hatten in ihrer früheren Geschichte sehr Trauriges erlebt, das sie beide schwermütig werden ließ. In dieser depressiven Stimmung war es für beide sehr schwer, ihre Sexualität zu finden. Viktors Selbstmordversuch war schließlich ein Ausweg aus diesem Zustand.

Die Therapie hat ihnen geholfen, die Schuldfrage beiseite zu stellen. Sie konnten sich auf einer reiferen Ebene begegnen, ihre alten, traurigen Kindheitsgeschichten teilen, Gemeinsames finden und wieder eine Nähe zueinander leben.

Sicherheit und Leidenschaft

Jeder hat die Fähigkeit, eine erfüllende und glückliche Erotik und Sexualität zu leben. Wir alle möchten gerne Neues ausprobieren und in der Persönlichkeit wachsen. Doch dazu brauchen wir vor allem Sicherheit. Sehr oft klappt der Sex nicht, weil genau das in der Beziehung fehlt: Sicherheit. Das ist auf jeden Fall dann gegeben, wenn ein Partner eine Affäre hatte.

Meist beginnt es jedoch viel früher. Unsicherheit entsteht immer dort, wo sich emotionale Distanz aufbaut. Etwa, wenn man ganz im Beruf aufgeht, frühmorgens ins Büro geht und erst spätabends heimkommt. Dadurch entsteht nicht nur Zeitmangel für Sex; vor allem ist man emotional für den Partner nicht erreichbar. Nicht selten entsteht daraus ein Teufelskreis: Weil die

Leidenschaft in der Beziehung keinen Platz mehr findet, sucht sie sich ein anderes Spielfeld – und man stürzt sich noch mehr in die Arbeit oder in ein Hobby. Oder man beginnt eine Affäre.

Maria und Kurt haben ein klassisches Frau-Mann-Schema entwickelt. Er hat sich in die Arbeit gestürzt, sie hat ihre ganze Leidenschaft auf die Kinder und den Haushalt gelenkt. Verstärkt wurde das noch durch die starke Dominanz beider Ursprungsfamilien, mit dem Ergebnis, dass sich beide überfordert fühlten. Intimität und Erotik hatten da keinen Platz mehr, stattdessen machten sie sich gegenseitig Vorwürfe. Daheim wurde die Stimmung zunehmend depressiver, Kurt war mit Leidenschaft bei seinem Job, Maria bei den Kindern.

Als das Korsett den beiden schließlich unerträglich eng wurde, suchten sie Hilfe in der Therapie. „Es ist wie ein Gefängnis, das wir aus unseren Ursprungsfamilien kennen. Wir wollen das nicht wiederholen", war ihr dringender Wunsch. Langsam lernten sie, sich wieder zu begegnen, sich wieder als Mann und Frau wahrzunehmen. Sie erkannten, dass sie die Strenge, die sie gegeneinander richteten, von Kindheit an mitbekommen haben. „Eine Frau muss für Kinder und Haushalt da sein und alles muss wie am Schnürchen klappen" war der Leitspruch von Marias Mutter. „Du musst das Geld nach Hause bringen. Wenn die Frau arbeiten geht, ist das ein Armutszeugnis für den Mann. Spaß darf es erst geben, wenn das erfüllt ist" war der Glaubenssatz, den Kurt von seinen Eltern übernommen hatte.

Beide haben bei ihren Eltern wenig Körperlichkeit und wenig Intimität beobachten können. Noch dazu war Marias Vater sexuell übergriffig, als sie zehn Jahre alt war, indem er anzügliche Bemerkungen machte und sie am Busen und am Po berührte. Die Mutter hatte das zwar bemerkt, es aber tunlichst ignoriert. Maria konnte sich also in ihrer Körperlichkeit gar nicht gesund entwickeln.

In der Therapie konnten sie endlich über all das sprechen, was sie so viele Jahre lang zur Seite geschoben hatten. Beide entwickelten neue Ideen, die es ihnen ermöglichten, sich ein neues Bild davon zu machen, wie sie das Leben mit sich und den Kindern gestalten können. Sie veränderten nach und nach ihr Rollenverständnis. Maria nahm einen Teilzeitjob an, der ihr Spaß machte, Kurt stellte sich der Konfrontation mit seinen Eltern, die Marias neue Beschäftigung natürlich kritisierten.

Wenn beide Partner bereit sind, sich zu verändern und im Alltag etwas zu bewegen, entspannt sich die Stimmung. Diese Entspannung führte bei Kurt und Maria nicht gleich zu einem intensiven Sexualleben, doch sie konnten sich nach und nach auch körperlich begegnen: gemeinsam am Kamin sitzen und lesen, sich berühren, den Kopf am anderen anlehnen. Über Wochen hinweg tasteten sie sich vorsichtig heran, und nach ein paar Monaten hatten sie schließlich wieder Sex.

Das ist der Dominoeffekt. Ein erster kleiner Schritt führt zum nächsten kleinen Schritt. Die Bereitschaft, sich das Thema genauer anzusehen, führt zu ersten Erkenntnissen und das wiederum zu einem Stück gewonnener Sicherheit.

Sex und Machtkampf

Was wären Beziehungen ohne Konflikte? Sie wären ein starres Gebilde, in dem es kein Wachstum gibt. Doch manchmal kann sich ein Streit zu einem regelrechten Machtkampf auswachsen, der nicht zuletzt auch im Bett seine Spuren hinterlässt. Hier sind zwei Möglichkeiten zur Lösung:

1. Man geht gemeinsam dem Konflikt auf den Grund: Was ist das eigentliche Thema? Wer fühlt sich weshalb verletzt? Die meisten Machtkämpfe entstehen aufgrund früherer, nicht geheilter seelischer Verletzungen. Wer in der Lage ist, diesen alten Wunden auf die Schliche zu kommen und sie zu heilen, hat einen wichtigen Schritt zur Lösung des aktuellen Konflikts getan – und zu einer wieder erblühenden Sexualität.

2. Man lässt den Konflikt außen vor: Nicht alle Konflikte haben direkt mit der Sexualität zu tun. Deshalb ist es den Versuch wert, ihn vor der Schlafzimmertür zu lassen. Das ist sicher ein schwieriger Weg, letztlich kann er sehr erfolgreich sein. Denn durch körperliche Intimität werden viele Botenstoffe und Hormone ausgeschüttet, die uns wesentlich toleranter, verbindlicher und friedlicher werden lassen – beste Voraussetzungen also, um den Konflikt besser bewältigen zu können. Man muss also einen Streit nicht zuerst schlichten, um dann erfüllenden Sex haben zu können, auch der umgekehrte Weg ist möglich.

Johanna und Georg versuchten den zweiten Weg. Sie hatten ein gemeinsames Unternehmen und immer wieder Konflikte über die Zielsetzungen der Firma. Dies führte auch dazu, dass die beiden keinen Sex mehr hatten. Im Rahmen einer Paartherapie merkten sie, wie groß ihr Wunsch nach Intimität war und wie sehr sie sich gegenseitig bestraften, wenn sie sich wegen ihrer Streitigkeiten den Sex verwehrten.

Sie kamen zu dem Entschluss, es einfach auszuprobieren. Sie ließen den Machtkampf außerhalb des Schlafzimmers und schliefen miteinander. Interessanterweise stellte sich nach einigen Wochen auch beruflich eine Wende ein. Johanna und Georg beschrieben sich als versöhnlicher, kooperativer und mehr an der Entwicklung orientiert als zuvor. Sie fanden eine neue Unternehmensphilosophie und gemeinsame Ziele. Sie konnten sich also nicht nur an mehr Spaß beim Sex erfreuen, sondern hatten auch noch mehr Freude in ihrer Arbeit.

Dieser Weg gelingt natürlich nicht immer. Wenn frühere Verletzungen, tief sitzende Werthaltungen oder Ähnliches den Sex behindern, kann man das nicht einfach draußen lassen und Sex haben. Wie zum Beispiel auch beim nächsten Punkt.

Große Verletzungen und Übergriffe

Mangelnde Sexualität ist manchmal damit verbunden, dass eine Person oder auch beide in ihrer früheren Geschichte sexuelle Übergriffe kennengelernt haben. Sexuelle Übergriffe sind nicht nur Vergewaltigungen. Das können genauso lüsterne Blicke sein, zweideutige Bemerkungen, Berührungen an intimen Stellen oder auch nur eine Berührung an der Hand, die mit lüsternem Blick verbunden ist. Sexuelle Nötigung und Vergewaltigung sind die Spitze der physischen und psychischen Grenzverletzungen. Manchmal werden solche Grenzüberschreitungen erst in der Beziehung bewusst und führen zu Problemen.

Wichtig ist, das distanzierte Verhalten des anderen nicht als Vorwurf oder Beleidigung zu verstehen. Vielmehr hilft es, die Not zu erkennen und zu respektieren. Derjenige, der in der Kindheit Übergriffe erlebt hat, ringt nicht nur mit Unsicherheit, sondern auch mit sehr viel Scham. Er braucht daher viel Wertschätzung, Anerkennung und das Gefühl, mit seiner Not willkommen zu sein.

Gerade bei traumatischen Erlebnissen ist es sinnvoll, gemeinsam eine Paartherapie in Anspruch zu nehmen, denn es ist alles andere als einfach, darüber zu sprechen. Eine Therapeutin sorgt für den nötigen sicheren Rahmen, damit sich die traumatisierte Person öffnen kann. Es erfordert viel Mut, dem Partner, der Partnerin frühere Verletzungen und Übergriffe anzuvertrauen.

Deshalb ist die Reaktion des Partners sehr wichtig. Wenn ein solches Thema in der Beziehung zur Sprache kommen kann, dann bedeutet es gleichzeitig, dass die Beziehung von viel Sicherheit getragen wird. Seien Sie dankbar, dass Ihre Partnerin oder Ihr Partner sich dieser früheren Erlebnisse bewusst wird und Worte findet, denn nur was einem bewusst ist, kann man auch heilen! Kontraproduktiv hingegen wären Aussagen wie: „Ach, das war doch in deiner Kindheit! Ich bin ganz anders, also schlafen wir miteinander." Das würde zu einer weiteren Verletzung führen, anstatt heilsam zu sein.

Rosa und Herbert kamen in die Therapie, weil auch sie Schwierigkeiten mit ihrer Sexualität hatten. Nach einigen Sitzungen erzählte Rosa, wie schwer es ihr fiele, sich Herbert gegenüber zu öffnen – und sie meinte es wortwörtlich: „Ich kann meine Beine nicht öffnen. Ich kann dich nicht zu mir hereinlassen und fühle mich am ganzen Körper steif wie ein Brett." Gleichzeitig liebte sie ihn sehr und wollte ihn in seinem Begehren nicht bremsen. „Deswegen schlafe ich auch immer wieder mit dir."

Für Herbert war das sehr frustrierend. Er wünschte sich nichts sehnlicher, als dass seine Frau glücklich, zufrieden und befriedigt sei. Als Rosa ihm von ihren Schwierigkeiten erzählte, weinte er, weil er richtig spüren konnte, wie unangenehm und hart es für sie sein musste. Im Laufe des weiteren Dialogs zwischen den beiden erinnerte sich Rosa an Situationen mit ihrem Onkel, der manchmal auf sie und ihre Geschwister aufpasste. Als Rosa etwa zwölf war, beobachtete er sie beim Duschen mit der Erklärung, er müsse ihr helfen. Er versuchte mehrfach sie davon zu überzeugen, dass er ihr mit der Seife die Vagina waschen müsse und dass die Scheide nur dann sauber wäre, wenn er die Seife einführe. Rosa konnte sich gegen das Einführen wehren, auch wenn sie dem Erwachsenen gerne Glauben schenken wollte. Rosa war ganz steif vor Scham und Unbehagen, und das steckte ihr bis heute in allen Gliedern.

In weiteren Sitzungen der Paartherapie arbeiteten beide daran, diese alte Geschichte zu lösen. Außerdem zeigte Rosa ihm, welche Berührungen das alte Trauma auslösen, sodass Herbert darauf Rücksicht nehmen konnte. Rosa fühlte sich zunehmend sicher. Nach einigen Wochen konnten sie wieder Sex und einen gemeinsamen Orgasmus haben.

Heute, Jahre später, berichteten sie uns, dass sie eine wunderbare Sexualität und Intimität hätten. Nur mehr in ganz seltenen Fällen kämen Rosa die alten Bilder hoch. Verwirrt war

Herbert schließlich, als Rosa ihn eines Tages bat, sie doch einmal so richtig fest zu packen, richtig wild zu sein. Herbert war verunsichert, doch Rosa konnte ihm klarmachen, dass sie den Unterschied zwischen ihrem Ausgeliefertsein als Kind und der großen Sicherheit heute gut erkennen könne. Mit dieser Sicherheit kann sie sich mit ihm heute alles vorstellen!

Schwere Verletzungen und Missbrauch können in der Beziehung gut geheilt werden, wie Sie sehen, es braucht nur eine Portion Zeit und Geduld. Doch am Ende ist oft viel schönerer Sex möglich, als sich das Paar jemals zu träumen gewagt hätte. Auch Rosa wollte von ihrem Herbert schließlich „so richtig im Sturm und Drang erobert" werden. Das alte Trauma wurde geheilt und machte Platz für eine innige, tiefe Leidenschaft.

Feedback in der Körperlichkeit

Eine gute Paarbeziehung, Intimität und Sexualität sind stark davon abhängig, wie man den anderen wahrnimmt und wie sehr man bereit ist, Feedback zu geben und zu nehmen. Ist es zum Beispiel für eine Frau schwierig, mit ihrem Mann körperlich zu sein, weil er ungepflegt ist und nach Schweiß riecht, dann wäre es falsch verstandene Rücksichtnahme, ihm das zu verschweigen. Sie würde dadurch ihre eigenen Bedürfnisse und Gefühle verleugnen. Natürlich ist es wenig ratsam, ihm das mit groben Worten ins Gesicht zu werfen. Solcherlei Feedback kann schließlich zu Scham und womöglich zu Rückzug führen.

Feedback ist wichtig, und selbstverständlich ist auch positives Feedback gefragt: Wertschätzung dafür, was man besonders liebt. Jeder freut sich, wenn das neue Parfum oder das sexy T-Shirt bemerkt wird. Denken Sie dabei auch an die 5-zu-1-Regel aus Kapitel 10. Und auch Wünsche sind angebracht: „Wenn wir unser Rendezvous haben, wünsche ich mir, dass du dich für mich hübsch machst." Oder: „Bevor wir miteinander schlafen, ist es für mich wichtig, dass du dich in den letzten zwölf Stunden geduscht hast."

Das geplante Date vs. spontaner Sex

Ein vereinbartes Rendezvous zum Sex kann oft wahre Wunder wirken, auch wenn das viele als unromantisch abtun. Gerade wenn der Kalender mit beruflichen und familiären Terminen voll ist, ist es so wichtig, Zeit füreinander zu finden. Denn im Alltag ist üblicherweise für alles Zeit: für den Beruf, für die Kinder, für die Eltern – nur die Erotik bleibt auf der Strecke.

Allein zu wissen, dass man ein Date mit der Frau oder dem Mann hat, kann erotisierend sein. Es weckt Vorfreude und Spannung und steigert Lust und Freude. Solche Termine sollten daher unbedingt ernst genommen und auch eingehalten werden.

Ungefähr ab dem 40. Lebensjahr verändert sich das Entscheidungsverhalten in der Sexualität. Ist man jünger, nehmen wir zuerst körperlich sexuelle Erregung wahr und entscheiden uns dann, Sex zu haben. Ab etwa 40 kehrt sich dieses Verhalten meistens um: Wir entscheiden uns zuerst, Sex zu haben – und verspüren erst dann Lust und Erregung. Wenn Sie also über 40 sind, warten Sie nicht, bis Sie sexuell erregt sind, denn sonst kommt es nie zum Sex. Planen Sie, dann kommt die Erregung schon.

Heiligtum Schlafzimmer

Stehen in Ihrem Schlafzimmer ausrangierte Kristallvasen, ungebrauchte Möbelstücke, verstaubte Trockenblumen herum? Dann ist es kein Wunder, wenn der Sex zu wünschen übrig lässt. Ganz schlimm wird es, wenn lachende Kinderfotos oder gleich die gesamte Ahnengalerie einem beim Sex zuschauen.

Der Lieblingsplatz für Intimitäten will liebevoll gestaltet werden: ein schönes Landschaftsbild vom letzten Urlaub, gedämpfte Beleuchtung, weiche Kissen, kuschelige Decken und eine angenehme Temperatur fördern die Lust am Sex. Denn wer denkt bei kratzenden Leintüchern und Gänsehaut schon gern an Intimitäten?

Der eigene Körper

Viele wünschen sich vom anderen eine offene Sexualität – und haben dabei mit dem eigenen Körper wenig bis gar keinen Kontakt. Es kann sein, dass man sich selbst nicht greifen, fühlen, sich ansehen oder hören kann. Es hilft, darüber zu sprechen, indem Sie beispielsweise Ihrem Partner erzählen, wie Sie sich in Ihrem Körper überhaupt so fühlen. Oder Sie laden ihn zu einer gemeinsamen Entdeckungsreise ein. Ist es für eine Frau schwierig, sich selbst als Frau mit ihrem Busen anzunehmen, dann ist es vielleicht hilfreich, wenn sich ihr Partner oder ihre Partnerin mit ihr zum Spiegel stellt, ihr vorher direkte in die Augen blickt und sagt: „Jetzt schau dir doch einmal diese wunderschöne Frau im Spiegel an."

Wie oft haben Sie Sex?

Diese Frage haben wir einmal einem fast 80-jährigen Paar gestellt. „Viel zu selten", war die Antwort, „wir haben nur drei- bis viermal die Woche Sex." Ganz anders ein etwa 40-jähriges Paar. Sie waren mit ihrem Sexualleben sehr zufrieden. Wie oft sie Sex hätten? „Na, so etwa einmal im Monat", war die Einschätzung.

Sie sehen, es ist nicht sehr zielführend, sich an anderen Paaren zu orientieren oder an dem, was uns die Medien weismachen wollen, oder gar an einer früheren Beziehung. Viel wichtiger ist, die eigenen Bedürfnisse zu erspüren und zu erkennen. Daraus lässt sich dann etwas Gemeinsames entwickeln, mit dem beide glücklich sind.

Mut, etwas Neues auszuprobieren

Manche würden gern etwas Neues probieren, um ihre Sexualität abwechslungsreich zu gestalten und Spaß zu haben. Sie möchten Neues versuchen, weil sie Schwierigkeiten mit dem Sex haben und hoffen, damit etwas in Bewegung zu bringen. In jedem Fall braucht es eine Portion Mut dazu.

Die Devise lautet: Nicht darauf warten, dass der andere den ersten Schritt macht, sondern bei sich selbst beginnen und versuchen, die eigene Ambivalenz zu überwinden. Ein Beispiel: Conny hatte bereits fünf Kinder entbunden. Sie fühlte sich manchmal von ihrem Mann Martin beim Geschlechtsakt nicht ausgefüllt, sie glaubte, sie sei „zu weit". Als sie es endlich Martin erzählen konnte, war die Scham auf beiden Seiten sehr groß. Sie fühlte sich körperlich unzulänglich, er glaubte, in seiner Männlichkeit nicht genug bieten zu können. Martin hatte dann die Idee, einen Vibrator zu kaufen. Conny genierte sich zu Beginn, doch Martin fasste Mut und kaufte ihn kurzerhand – und gab ihrer Sexualität somit eine neue Wende. Der Vibrator wurde zum Hilfsmittel, der dafür sorgte, dass sie mehr körperlichen Kontakt und erfüllenden Sex haben konnten.

Manchmal scheint es schwierig, Mut zu finden. Versuchen Sie es doch einmal mit Offenheit: „Du, ich trau mich nicht, dir was zu sagen, doch gerade das wäre mir so wichtig." Begleitet mit einem verlegenen Lächeln oder einem Augenaufschlag, kann das ein Lächeln auf die Lippen beider zaubern. Vorgetäuschter Mut schafft Distanz – ehrliche Verlegenheit hingegen kann ganz schön charmant sein!

Fantasie

Fantasien in Intimität und Sexualität haben in einer Partnerschaft einen wichtigen Stellenwert. Es ist daher wichtig, dass Sie diese Fantasien miteinander austauschen.

Marion und Erwin zum Beispiel hatten Kinder, weshalb sich ihr Sexleben ausschließlich im Schlafzimmer abspielte. „Ich hätte so gern einmal Sex mit dir in der Straßenbahn", sagte Marion, und lachte dann gleich, weil sie über sich selbst erschrak. Natürlich würde sie so etwas nie wirklich machen wollen! Doch mit dieser Aussage war der Bann gebrochen. Gemeinsam entwickelten sie die Idee, es doch – nach so vielen Jahren – wieder einmal im Wohnzimmer zu versuchen. Also baten sie die Oma, die Kinder über Nacht zu nehmen, sodass sie sturmfreie Bude hatten.

Am ersten Abend gingen sie ins Kino und waren dann so müde, dass sie gleich schlafen gingen. Sie fragten sich, ob die ganze Aktion nicht lächerlich wäre, so viel Aufwand für nichts und wieder nichts! Trotzdem wiederholten sie die Prozedur, und beim dritten Mal klappte es. Nach einem netten Theaterabend genossen sie ein Gläschen Wein im Wohnzimmer. Eine liebevolle Geste führte zur nächsten, kurz darauf knisterte es, und so hatten sie am Ende einen erotischen und in jeder Hinsicht hingebungsvollen Abend. Marions Fantasie war der Impulsgeber, aus dem sich schließlich etwas ganz anderes entwickelte.

Worum es wirklich ging

Weshalb Sabine und Roland am ersten Abend ihres Schiurlaubs stritten, gehört wohl zu den beliebtesten Themen: Einer will Sex, der andere schiebt Gründe vor, um sich dem Sex zu entziehen. In diesem Fall steckte ein klassischer Machtkampf dahinter.

Sabines großes Thema war das Gefühl, keinen Platz im Leben zu haben. Sie erinnern sich vielleicht an die Geschichte aus Kapitel 2 und den tragischen Tod von Sabines Schwester. Sabines Geburt war die Wiedergutmachung, sie war quasi Platzhalterin. Ihre Aufgabe war, die Mutter glücklich zu machen, anstatt einfach nur sie selbst zu sein und als eigene Persönlichkeit wahrgenommen zu werden.

„Wenn Roland eine Stereoanlage kauft, ohne mich in die Entscheidung miteinzubeziehen, dann drückt Roland genau auf diesen Knopf und ich interpretiere: Ich habe keinen Platz. Gleichzeitig wusste ich, dass es ein guter Kauf war. Deshalb fand ich wohl auch keine Worte, um meinem Frust Ausdruck zu geben." Der Frust fand einen anderen Kanal: In der Aussicht auf so viel Nähe durch Sex drängte sich der Wunsch nach Abstand in den Vordergrund.

„Natürlich sind einem solche Gedanken nicht bewusst, das ist mehr wie ein Reflex. Ich bin sehr froh, dass ich im Laufe der Jahre gelernt habe, Kränkungen so rasch wie möglich auszusprechen. Als ehrenwerte Schildkröte habe ich früher oft Monate gebraucht, bis ich endlich etwas ansprechen konnte. Damit habe ich sicher viel Schönes in unserer Sexualität verhindert. Heute kann ich innerhalb von Minuten sagen, was mich quält – und kann es entsprechend schnell abschließen."

Roland hat von klein auf gelernt, Bedürfnisse für später aufzusparen. Urlaube oder auch nur ein gemeinsames Frühstück – und damit auch körperliche Nähe – waren die Belohnung für harte Arbeit. „Ich lernte, meine Bedürfnisse wenig wahrzunehmen. Erst die Arbeit, dann das Vergnügen. Als wir dann nach vielen Monaten Arbeit endlich Urlaub hatten, kam meine ganze Bedürftigkeit hoch. Das hat Sabine natürlich Druck gemacht und ihre bewährten Verhaltensmuster aktiviert. Und ich war dann umso enttäuschter."

Mit therapeutischer Hilfe lernte Roland, seine Bedürfnisse nicht aufzuschieben, sondern sie dann zu artikulieren, wenn sie entstehen. Indem er mit Sabine darüber besser kommunizieren konnte, entstand auch eine unmittelbare, ehrliche Verbindung, die viel Sicherheit schaffte. „Wir haben für uns eine Sexualität entwickelt, die wir früher nicht einmal zu träumen wagten."

Was Sie tun können

Einzelübungen

⊙ Suchen Sie sich einen Ort, an dem Sie sich entspannen können, schließen Sie die Augen und spüren Sie nach, wie Sie sich in Ihrem eigenen Körper fühlen. Wie nehmen Sie sich auch als sexuelles Wesen wahr? Wo finden Sie sich besonders attraktiv und wo haben Sie vielleicht Schwierigkeiten mit Ihrem eigenen Körper?
Treffen Sie für sich eine Entscheidung, die Ihre Wertschätzung zu Ihrem Körper erhöht: Sport betreiben, sich anders kleiden, zum Zahnarzt gehen, sich mit einer Freundin darüber unterhalten, neue Unterwäsche kaufen.

⊙ Überlegen Sie sich, wo in Ihrer Geschichte Ereignisse passiert sind, die Sie in Ihrer Intimität und Sexualität verletzt haben und die Grundlage dafür sind, dass Sie sich heute schwer tun, Ihre eigene Sexualität zu leben. Notieren Sie, welche Elternbotschaften Sie bekommen haben, die Sie in Ihrer Sexualität geprägt haben. Beispiele: „Sexualität ist etwas Schönes." „Sexualität gibt es nur, um Kinder zu bekommen."

⊙ Spüren Sie in sich hinein: Welche Bilder und Gefühle kommen hoch, wenn Sie sich die Intimität und Sexualität Ihrer Eltern vorstellen. Wie war das früher, als Sie noch ein Kind waren? Was hat Ihnen Ihre Mutter, was Ihr Vater vermittelt? Oftmals sprechen Eltern nicht über ihre eigene Sexualität, doch Kinder spüren das zwischen den Zeilen und atmosphärisch. Was haben Sie davon vielleicht unbewusst in Ihr Leben mit übernommen?
Beispiele: „Meine Mutter hat immer gesagt, mein Vater will immer nur das eine, aber er liebt mich nicht." Was haben Sie als Frau davon übernommen? Vielleicht: „Ich muss meinem Mann gegenüber zurückhaltender sein."

Ein anderes Beispiel: Haben Sie von Ihrem Vater erfahren, dass seine Frau, in dem Fall Ihre Mutter, „früher immer so lustig war, aber jetzt ist sie so uninteressant"? Vielleicht bezeichnen Sie heute Frauen eher als langweilig? Überlegen Sie, inwieweit die Beziehung Ihrer Eltern Ihre Beziehungsstruktur, speziell auch das Thema Intimität und Sexualität, geprägt hat.

⊕ Was an Ihrer Partnerin bzw. Ihrem Partner stört Sie manchmal wirklich, aber Sie haben es ihr bzw. ihm noch nie mitgeteilt? Schreiben Sie eine Liste, was Ihnen wichtig wäre. Vielleicht möchten Sie ihm oder ihr mitteilen, dass er sich regelmäßig duscht, dass sie sich neue Unterwäsche kauft etc.

Übungen zu zweit

⊕ Vereinbaren Sie einen gemeinsamen Beziehungsabend. Gibt es vielleicht eine Regel, wie zum Beispiel: „Jeder Freitagabend gehört uns"? Wenn nicht, dann schlagen Sie das Ihrer Partnerin vor und reden Sie darüber, wie Sie einen solchen Abend gestalten könnten.

⊕ Stellen Sie sich gemeinsam vor den Spiegel und zeigen Sie Ihrem Partner jene Stellen, die Sie an ihm besonders lieben. Sollte er eher ablehnend, genervt oder aggressiv reagieren, dann helfen Sie ein wenig, indem Sie sagen: „Ich liebe dich und ich liebe diese Stelle besonders an dir, weil ..." Helfen Sie ihm, seinen Körper lieben und schätzen zu lernen.

⊕ Gerade Paaren, die ein sehr kameradschaftliches Verhältnis pflegen, tut ein wenig Erotik im Alltag gut. Machen Sie sich täglich Komplimente: „Heute schaust du besonders attraktiv aus." Oder: „Wie du dich heute wieder bewegst, das liebe ich besonders an dir." Gemeint sind jedenfalls nicht übergriffige Bemerkungen, sondern Bemerkungen, die die Spannung erhöhen.

⊙ Schenken Sie sich gegenseitig eine Massage. Wenn es anfänglich zu bedrohlich ist – etwa wenn Sie schon länger gar keinen Sex hatten –, behalten Sie beim Massieren Ihre Kleider an. Erst in weiterer Folge, wenn Sie sich an die körperliche Nähe besser gewöhnt haben, auch nackt. Achten Sie dabei auf die Rückmeldungen Ihres Partners. Es soll angenehm und entspannend sein, keine Sportmassage.

⊙ Was wollen Sie gemeinsam unternehmen, um Ihre Intimität und Sexualität neu anzufeuern? Wollen Sie zum Beispiel zu zweit in einen seriösen Erotikshop gehen und sich von den Spielsachen inspirieren lassen? Oder wollen Sie lieber an einem besonderen Ort Urlaub machen, wo Sie sich gut entspannen können? Vielleicht wollen Sie tanzen gehen. Tauschen Sie sich aus und finden Sie Ideen, die Ihnen beiden gefallen.

⊙ Sofern es in Ihrer Beziehung wenig bis keine Sexualität gibt, suchen Sie das gemeinsame Gespräch, die gemeinsame Auseinandersetzung. Beginnen Sie, wenn möglich, eine Paartherapie. Fühlen Sie sich in Ihrer Beziehung sicher genug, um sich auf ein Experiment einzulassen? Dann vereinbaren Sie, sich innerhalb der nächsten zwei Wochen dreimal 20 Minuten gemeinsam hinzulegen. Stellen Sie sich unbedingt einen Wecker und sorgen Sie dafür, dass Sie in dieser Zeit nicht gestört werden können. Beim ersten Mal liegen Sie mit normaler Tagesbekleidung auf Ihrem Bett oder einem anderen bequemen Ort. Beim zweiten Mal machen Sie dasselbe, nur dass Sie Ihre übliche Nachtbekleidung tragen, also Pyjama, T-Shirt oder Ähnliches, jedenfalls etwas, das Ihre Intimbereiche bedeckt. Beim dritten Mal sind Sie nackt.
In diesen dreimal 20 Minuten ist alles erlaubt – lachen, weinen, erregt sein – außer Sex. Das heißt, Sie berühren sich, kuscheln sich aneinander, doch Sie greifen Ihrer Frau nicht an den Busen oder Ihrem Mann an den Po. Es findet keine sexuelle Handlung statt.

➲ Nehmen Sie all Ihren Mut zusammen und erzählen Sie sich gegenseitig, welche Fantasien Sie zur gemeinsamen Intimität und Sexualität haben. Das bedeutet nicht, dass der andere das dann auch machen muss. Oft entwickelt sich daraus auch etwas gemeinsames Neues, das gar nichts mit der ursprünglichen Fantasie zu tun hat. Es lohnt sich also in jedem Fall, wenn Sie auch solche Fantasien aussprechen, von denen Sie überzeugt sind, dass Ihre Partnerin das nicht mögen wird. Unterscheiden Sie auch zwischen Fantasien, die Sie auch wirklich ausprobieren möchten, und Fantasien, die für Sie zum Umsetzen nicht infrage kommen.

➲ Überprüfen Sie, wie der Raum beschaffen ist, in dem Sie Ihre Intimität und Sexualität leben. Ist Ihr Schlafzimmer ein Sammelsurium von ausrangierten Gegenständen? Ist es wirklich ein schöner Platz oder ist es dort kalt und unaufgeräumt? Gestalten Sie diesen Ort gemeinsam: neue Bettbezüge aus Satin vielleicht, eine kleine Hi-Fi-Anlage für die passende Hintergrundmusik oder eine andere Lampe, die gedämpftes Licht gibt. Vielleicht entscheiden Sie, Ihr Schlafzimmer ganz neu einzurichten, weil es alt ist.

12. ABSCHIED STATT BEZIEHUNGS-ABBRUCH
Basis für Neuanfang und persönliche Weiterentwicklung

Roland und Sabine sind auf Schiurlaub. Als sie nach dem Frühstück für den Schitag ihre sieben Sachen packen, sagt Roland:

„Ich weiß jetzt nicht, wie ich es dir erklären soll, aber ich habe beschlossen, dass ich mich von dir trenne."

Sabine erstarrt, es verschlägt ihr die Sprache. Sie blickt Roland entsetzt an.

„Ja, ich kann es dir nicht erklären. Ich kann nur sagen: Ich brauche meine Freiheit und ich fühle mich von dir total eingeschränkt und ich will, dass du weißt, dass ich mich heute trenne."

„Äh, heute?", *stammelt Sabine.*

„Ja, heute. Wenn ich weiß, dass ich mich trennen will, dann warte ich doch nicht auf morgen!"

„Aber erst vor zwei Wochen haben wir darüber gesprochen, wie schön wir es miteinander haben ..."

„Das war vor 14 Tagen ..."

Sabine ist geschockt, sie weiß nicht, was sie tun oder sagen soll. In ihrer Hilflosigkeit geht sie, Roland ebenso, um sich mit den Freunden zu treffen. Im Bus plaudert Roland mit den anderen, als ob nichts passiert wäre. Sabine hat es nach wie vor die Sprache verschlagen, sie blickt hinaus auf die vorbeiziehende Landschaft. Auch auf der Piste ist Sabine schweigsam, während Roland betont den Genießer mimt. Später, bei einer Liftfahrt:

„Ich kann dich überhaupt nicht verstehen, Roland. Was ist passiert? Kannst du mir das näher erklären?"

„Was gibt es da viel zu erklären? Ich will mich trennen!"

„Ja, aber ..."

„Trennung ist Trennung. Und du brauchst jetzt gar nicht weinen. Wir haben eine schöne Zeit gehabt, und jetzt brauche ich meine Freiheit."

Ein guter Abschied schafft eine Basis für Neues

Könnten wir Menschen gut mit Abschieden umgehen, dann gäbe es viel mehr positive Energien für das Gestalten der Zukunft. Und wir Psychotherapeutinnen und -therapeuten hätten ziemlich wenig zu tun, wäre jeder Mensch darin geschult, sich von Vergangenem wertschätzend und in Würde zu trennen.

Wenn wir von Abschied sprechen, so meinen wir nicht nur den durch Trennung oder Scheidung oder durch Tod. Das sind natürlich die tragischsten mit den einschneidendsten Effekten. Wir denken auch an das Verabschieden von belastenden Themen, von früheren Verletzungen, die unsere Energie binden und uns nicht frei sein lassen für eine positive, konstruktive Zukunft.

Seit einigen Jahren leiten wir Generationen-Workshops, an denen ein Elternteil mit einem erwachsenen Kind teilnimmt. Auf die Frage, wie die Töchter und Söhne die Partnerschaft der Eltern erlebt haben, antworten weit mehr als zwei Drittel, wie sehr sie die immerwährenden Machtkämpfe der Eltern belastet haben oder wie sehr sie unter der unwürdigen Trennung der Eltern gelitten haben – unwürdig in dem Sinn, als sie geprägt war von Missgunst, unfairen Kämpfen und gegenseitigen Attacken.

Sich würdig und bewusst verabschieden zu können, gibt uns die ganz große Chance, eine tragfähige Basis für den Neuanfang zu schaffen. Menschen, denen es gelingt, sich diesem herausfordernden Prozess zu stellen, sind als Individuum und als Paar besonders erfolgreich. Sie erreichen ein Bewusstsein über ihr eigenes Handeln und Tun und lernen, Verantwortung dafür zu übernehmen. Und sie werden belohnt durch neue, vielleicht unerwartete Glücksmomente.

Schmerz ist eine heilende Form der Energie

Bettina und Bertram kamen zu uns in die Paartherapie. Bettina erzählte uns, dass sie aus der Sicht der Ärzte unheilbar krank sei. Sie wollten ihre begrenzte gemeinsame Zeit als Paar noch intensiv erleben, nahmen an einem Imago-Paarworkshop und an einigen unserer Seminare teil. Als es mit Bettina immer absehbarer zu Ende ging, begannen sie, sich mit dem herannahenden Tod und dem Abschied voneinander zu beschäftigen. Sie erzählten uns, sehr berührend und unter Tränen, dass sie sich viel Zeit nehmen, um über alte Zeiten zu sprechen und darüber, was sie Schönes erlebt haben.

Sie haben damit unbewusst das getan, was ganz wesentlich zum Abschiednehmen gehört: zurückblicken auf das, was war, auf die schönen Dinge und auch auf die weniger schönen und darauf, welche Träume leider nicht mehr wahr werden können. Das alles zu benennen hilft, es loszulassen.

Die beiden beschlossen, noch einen gemeinsamen Urlaub zu machen. Sie fuhren an einen Ort, an dem sie eine sehr schöne gemeinsame Zeit hatten. Sie wussten, dass Bettina am Montag nach diesem Urlaub ins Krankenhaus musste und es ziemlich sicher war, dass sie diese Klinik nicht mehr lebend verlassen würde. Sie verabschiedeten sich von ihrer gemeinsamen Zeit mit Dialogen, Ritualen und vielen Gesprächen. Bertram begleitete seine Frau durch die letzten Wochen und war auch bei ihr, als sie starb.

Bei Bettinas Begräbnis erlebten wir einen gefassten Bertram. Er erzählte uns, dass es für ihn leichter ist, das Begräbnis durchzustehen, weil er bereits lange und intensiv Abschied nehmen konnte. Durch diesen langen Prozess – er dauerte insgesamt etwa ein Jahr – war der Schmerz am Ende nicht mehr so groß und ließ schneller nach.

Die Natur hat den Schmerz als Teil des Heilungsprozesses vorgesehen. Wenn wir uns dem Schmerz stellen, wird ein großes

Potenzial an Energie frei. Bei einer offenen Wunde, die sich entzündet, reagiert unser Körper ganz wunderbar: Er schickt Energie an diese Stelle, die sich als Rötung, als Wärme und als Schmerz zeigt. Diese Energie „repariert" die Wunde. Genauso können wir unsere seelischen Wunden heilen: Wir schicken unsere Energie dorthin, wo es etwas abzuschließen gibt.

Der Abschiedsdialog

Egal, ob Sie sich von Ihrem Partner verabschieden oder von einer belastenden Geschichte: Sie trennen sich vom Positiven, vom Negativen und von den Träumen und Visionen, die Sie erreichen wollten. Sie beleuchten die gemeinsame Geschichte, und zwar ganz konkret. Es ist zu wenig, sich nur vor Augen zu halten, dass der andere „nett und liebevoll" war. Vielmehr sollte man sich genau vorstellen, was man erlebt hat, in welchen Situationen die Person liebevoll war, was man dabei gesehen, gefühlt hat, was gesagt wurde, welche Stimmung man empfand etc.

Wir gehen getrennte Wege

Viktoria und Clemens waren seit Monaten in Machtkämpfe verstrickt. Als Clemens sich noch dazu in eine andere Frau verliebte, beschlossen die beiden, sich zu trennen. Sie baten uns, sie beim gemeinsamen Abschied zu begleiten. Wie beim Paardialog setzten sich die beiden gegenüber, hielten Augenkontakt. Eine Person sprach, die andere spiegelte, und dann wurde gewechselt.

Zuerst baten wir Viktoria, sich die positiven Erlebnisse zu vergegenwärtigen und auszusprechen: „Ich verabschiede mich von unseren gemeinsamen Urlauben wie dem in Griechenland, als wir jeden Abend in unserer Lieblingstaverne saßen, guten Fisch aßen und mit einem Glas Retsina auf unser Glück anstießen. Das wird so nicht mehr sein." Natürlich kommen bei solchen Erinnerungen der Schmerz und die Trauer hoch, dass es vorbei ist. Doch nur so können wir loslassen. Würden wir am Alten festhalten, könnte sich Neues nicht entfalten.

Der nächste Schritt führte Viktoria zu den negativen Dingen. Nicht nur das Negative, das Clemens beigetragen hat, sondern auch jenes, das Viktoria einbrachte. „Ich verabschiede mich davon, dass ich vor lauter Wut einen Teller an die Wand geschmissen habe und wir die ganze Nacht stritten, als du mir erzähltest, dass du eine andere hast. Das wird so nicht mehr sein." Oft fällt uns nur ein, was der andere Schlechtes getan hat, doch Beziehung ist immer etwas Gleichwertiges. Es ist heilsam, sich bewusst zu machen, dass man auch selbst seinen Teil dazu beigetragen hat, dass es so schwierig gelaufen ist.

Der dritte Schritt beim Abschiedsdialog ist der Blick auf die Zukunft, auf die Ziele und Visionen, die man gemeinsam nicht mehr erreichen wird. „Ich verabschiede mich von dem Traum, mit dir gemeinsam alt zu werden, zu sehen, wie unsere Kinder groß werden und selbst Kinder bekommen und wir gemeinsam mit Kindern und Enkelkindern Weihnachten feiern. Das wird so nicht wahr werden." Im Verabschieden der Hoffnungen, Träume und Wünsche liegt oft die stärkste Kraft. Denn wenn wir das versäumen, übertragen wir all das in unsere nächste Beziehung – und das wird dann schon allein deshalb nicht passen, weil man mit einer anderen Person in die Zukunft gehen wird.

Abschied von den lebenden Toten

Ein Abschied in einer Beziehung muss nicht automatisch heißen, dass man sich trennt. Wenn wir Paare therapeutisch begleiten, stellen wir häufig fest, dass eine Beziehung viel Potenzial für eine glückliche Zukunft hat, es jedoch Altlasten gibt, die im Weg stehen. Von diesen gilt es, sich zu verabschieden.

Erika und Fritz wünschten sich nichts sehnlicher als ein Kind. Doch obwohl aus medizinischer Sicht alles in Ordnung war, wurde Erika einfach nicht schwanger. Sie kamen in unsere

Praxis, und schon bei der Begrüßung vermuteten wir, dass Erika irgendetwas besonders belastet. Sie wirkte sehr traurig, ernst und in sich zurückgezogen.

Im Rahmen der Paartherapie erzählte sie später von ihrer Mutter, die den Tod ihres Ehemanns nie verkraftet hat. Die Mutter lebte so, als wäre er nie gestorben: Auf dem Nachtkästchen stand die Urne mit der Asche von Erikas Vater. „Wenn ich im Bett liege, spüre ich, wie er noch immer da ist und mit mir spricht", sagte die Mutter. Sie war eine hochintelligente Frau, die voll im Leben stand, doch zu Hause benahm sie sich so, als wäre ihr Mann noch am Leben. Als der Vater starb, war Erika zehn Jahre alt und sie litt sehr unter diesem Verlust. Viel mehr jedoch belastete sie das Gefühl, ihre Mutter stützen und mit ihr diese Scheinwelt aufrechterhalten zu müssen, damit sie nicht ganz zusammenbrach.

Wir ließen Erika einen Abschiedsdialog mit ihrem Vater führen, wobei Fritz in die Rolle des Vaters schlüpfte. Erika wurde klar, dass sie bis jetzt ganz unbewusst immer Angst hatte, dass plötzlich jemand verschwinden könnte, so wie ihr Vater damals. Gemeinsam mit Fritz arbeitete sie an ihrem Vertrauen, dass es das Leben doch gut mit ihr meint. Ein halbes Jahr später war Erika schwanger.

Ich bin so wütend

Wolfgang und Sandra waren vor ihrer Ehe beide schon einmal verheiratet. Nun stand ihre Ehe auf der Kippe, und weil sie diese Beziehung nicht wieder so beenden wollten wie ihre früheren, entschieden sie sich für eine Paartherapie. Wolfgang erzählte, dass Sandra immer wieder sehr abschätzig über ihren ersten Mann sprach. Nach jedem Telefonat – Sandra hatte aus ihrer ersten Ehe ein Kind und daher öfter Kontakt zum Vater ihrer Tochter – war sie aufgebracht und wütend, und diese Wut brachte sie in die Beziehung mit Wolfgang ein, wo sie jedoch nicht hingehörte.

In dieser Geschichte war eindeutig etwas nicht abgeschlossen. Sandra hatte sich von ihrem Ex-Mann ganz offensichtlich nicht gut verabschieden können und daher selbst keinen inneren Frieden gefunden. Mit einem Abschiedsdialog konnte Sandra das nun nachholen.

Wärst du doch bei dem anderen Typen geblieben

Christiana und Richard hatten ein Vertrauensproblem. Ein halbes Jahr zuvor hatte Christiana eine kurze Außenbeziehung, die sie Richard gestand und sie auch wieder beendete, um bei Richard zu bleiben. Die Geschichte war nicht wirklich aufgelöst. Denn Richard trug nach wie vor diesen Schmerz in sich. Immer wenn es zu Konflikten kam, machte er ihr Vorhaltungen und fragte, warum sie denn nicht gleich bei dem anderen geblieben wäre.

Im Grunde hat Richard mit dieser Aussage nur seine Verunsicherung zum Ausdruck gebracht, doch gleichzeitig hat er damit Christiana auch immer wieder verletzt – schließlich hatte sie sich zu Richard bekannt! Die beiden führten einen Abschiedsdialog, in dem Christiana sich von ihrem Ex-Liebhaber verabschieden konnte. Richard sollte in seine Rolle schlüpfen, was ihm nicht leicht fiel. Vor allem die positiven Erlebnisse zu spiegeln, war schwierig. Doch es wurde ihm dadurch klar, warum Christiana diese Außenbeziehung eingehen musste. Er gewann das Vertrauen, dass sie wirklich gerne mit ihm zusammen war, weil er nun ihre Welt besser verstehen konnte. Schließlich hatte sie sich für ihn entschieden, obwohl sie mit dem anderen Mann auch sehr schöne Dinge erlebt hatte. Durch den Dialog haben die beiden eine tragfähigere Basis für ihre Beziehung geschaffen.

Vergessen, doch nicht geheilt

Birgit und Gerhard standen kurz vor der Trennung. Trotz Paartherapie fanden sie keine gemeinsame Basis mehr. Doch plötzlich tauchte in einem Paarcoaching ein Thema auf: ihr gemeinsames Töchterchen Nicole, das bei der Geburt gestorben war.

Die Zeit nach diesem Ereignis war für die beiden sehr schwierig gewesen, doch irgendwie hat es sie auch zusammengeschweißt. Da es den Verdacht gab, die Ärzte hätten einen Fehler gemacht, hatten sie auch einen Gerichtsprozess angestrengt, in den sie ihre gesamte Wut und Verzweiflung stecken konnten. Doch die Trauer blieb auf der Strecke.

Über Kinder wurde seitdem nicht mehr gesprochen, und nun, drei Jahre später, war ihnen klar, dass etwas fehlte. Wir schlugen vor, den Abschiedsprozess für ihre kleine Tochter nachzuholen. Diese Vorstellung erschreckte sie sehr und sie lehnten unseren Vorschlag ab. Drei Wochen später riefen sie an. Sie spürten, dass dieser Abschied genau das war, wovor sie sich am meisten fürchteten, denn die Trauer hatte ihre Lust und Lebensenergie blockiert. Gleichzeitig wussten sie, dass sie diesen Prozess noch gemeinsam durchstehen mussten, bevor sie sich trennen konnten.

Fast sechs Sitzungen lang verabschiedeten sie sich in vielen berührenden, innigen Dialogen von ihrer toten Tochter. Und heute, einige Jahre später, kommen sie immer noch zu uns in den Dialog-Raum: als Paar! Dieser gemeinsame Abschied hat ihnen ganz unerwartete Perspektiven für ihre Zukunft eröffnet. Sie haben zwei gesunde und muntere Kinder bekommen!

Sich gemeinsam voneinander lösen

„Ach, ich habe mich doch schon verabschiedet", sagen manche Menschen, wenn sie zu uns kommen. Wenn wir hinterfragen, stellt sich heraus: Sie haben diese Entscheidung allein getroffen und den Partner vor vollendete Tatsachen gestellt. Und meinen, dass damit alles getan wäre, was zu tun ist.

Einen stimmigen Abschied erkennt man daran, dass es eine gemeinsame Entscheidung ist. Das geht natürlich nicht, wenn ein Mensch unerwartet stirbt – in allen anderen Fällen ist eine

Trennung erst dann wirklich möglich, wenn man sich von allem Positiven und Negativen und von der gemeinsamen, nun nicht mehr möglichen Zukunft in aller Wertschätzung verabschiedet und sich dafür auch die nötige Zeit gönnt. Es ist dem anderen, aber auch sich selbst gegenüber nicht fair zu sagen: „Ich habe mich für diesen anderen Mann entschieden, tschüss dann!" Wenn Sie die Person sind, die sich trennen möchte, dann haben Sie vielleicht das Gefühl, dass für Sie alles klar ist. Und doch besteht die Gefahr, dass Sie Altes in die neue Beziehung schleppen und Sie wiederum nicht das Glück finden, das Sie sich erhoffen.

Stimmige Abschiede erkennen wir also auch daran, dass sie so lange dauern, bis man gemeinsam ein gutes Arrangement gefunden hat. Darin liegt natürlich auch eine Falltür. Wenn Sie die Person sind, die die Beziehung beibehalten möchte, dann könnten Sie die gemeinsame Lösung auch ewig lange hinauszögern, nur um sich nicht verabschieden zu müssen. Dann sind Sie aber wieder in einen Machtkampf eingetreten, der Sie nicht weiterbringt.

Eine neue, glückliche Zukunft aufzubauen, ist das Ziel. Das schaffen Sie, wenn Sie die Entscheidung wirklich gemeinsam treffen, ohne faule Kompromisse, und wenn Sie ein würdiges Abschiedsritual finden. Dann kommen Sie als neuer Mensch aus dieser alten Beziehung heraus mit spannenden Perspektiven und neuen Zielen.

Hannelore und Friedrich baten um eine Paartherapie. Friedrich wollte sich trennen, weil er seit über einem Jahr eine Außenbeziehung hatte und sich für diese neue Frau entschieden hat. Doch Hannelore war nicht bereit für einen Abschied. Sie stand unter Schock und war wütend. Erst nach einer Weile konnte sie sich auf einen Abschiedsprozess einlassen. Nach zehn Sitzungen bedankten sie sich bei uns für die Begleitung und beendeten ihre Beziehung mit einem abschließenden Ritual.

Zwei Jahre später trafen wir Hannelore zufällig in einer Buchhandlung. Wir plauderten eine Weile, dann sagte sie: „Darf ich euch meinen neuen Mann vorstellen?" Um die Ecke kam – Friedrich! Aus Friedrichs neuer Liebe war nichts geworden, denn die neue Frau entschied sich dann doch dafür, in ihrer alten Beziehung zu bleiben. Ein halbes Jahr nach der Trennung begegneten sich Friedrich und Hannelore zufällig und beschlossen, gute Freunde zu werden. Dabei stellten sie fest: Ich habe ja einen ganz neuen Menschen vor mir! – Sie verliebten sich wieder ineinander und wurden erneut ein Paar.

Der Zeitfaktor

Wer sich trennen will, dem kann es oft nicht schnell genug gehen. Und wer nicht möchte, dass die Partnerin geht, will sich alle Zeit der Welt nehmen. Nach vielen Jahren Paarbegleitung haben wir eine Art Formel entdeckt, die angibt, wie viel Zeit man in etwa brauchen wird, um sich gut und wertschätzend zu verabschieden. Diese Zeit ist abhängig davon, wie lange Ihre Beziehung gedauert hat: Pro Jahr gilt ein Richtwert von vier bis sechs Wochen für den Abschiedsprozess. Wenn Sie also zehn Jahre beisammen sind und sich trennen wollen, dann rechnen Sie mit etwa einem Jahr, bis Sie sich gut und mit neuen Perspektiven auf den getrennten Weg machen können. Gerechnet wird diese Frist ab dem Zeitpunkt, als Sie Ihrem Mann oder Ihrer Frau offenbart haben, dass Sie sich trennen möchten. Egal, wie lange Sie bereits in einer heimlichen Liebesbeziehung steckten, gilt sie trotzdem erst ab dem Zeitpunkt, als für Sie beide die Trennung eine echte, wirkliche Option wurde und Sie gemeinsam am Abschied arbeiteten.

Diese Zeit ist geprägt durch intensive Emotionen: Wut und Verzweiflung am Anfang, dann die kämpferische Phase, oft auch die Zeit des Zweifelns bis hin zur endgültigen Verabschiedung, Trauer und schließlich Erleichterung. Natürlich gibt es Paare, die dies alles in einer kürzeren oder auch in einer längeren Zeit gestaltet haben. Doch es erscheint logisch, dass er umso länger dauert, je länger man zusammen war.

Worum es wirklich ging

„Wenn ich heute zurückblicke und mich an die Szene erinnere, als ich Sabine so unreflektiert an den Kopf geworfen habe, dass ich mit ihr Schluss mache, überfällt mich ein wenig Scham. Das war typisch Hagelsturm, der einfach davonläuft! Ich konnte Sabine damals nicht wirklich sagen, worum es mir ging.

Aus heutiger Sicht war es wahrscheinlich die Angst vor zu viel Nähe und zu viel Glück. Ich war es nicht gewohnt, dass sich ein Mensch so intensiv mit mir beschäftigt und vor allem mir so viel Zeit widmet, wie Sabine es tat. Ich war als Kind sehr viel alleine und auf mich selbst gestellt – und jetzt war da plötzlich eine Frau, die voll und ganz Ja zu mir sagte. Das war mir offenbar zu viel."

Roland hätte Sabine besser zu einem Gespräch einladen sollen: dass er sich trennen möchte, es jedoch selbst nicht genau versteht. Das hätte Sabine sicher auch sehr irritiert, doch so hätten beide herausfinden können, was Roland flüchten lässt.

„Ich war völlig unter Schock, als Roland mich vor vollendete Tatsachen stellte. Als typische Schildkröte war es mir nicht möglich, auch nur irgendwie darauf zu reagieren. Heute weiß ich, dass ich damit die Fluchttendenzen von Roland verstärkt habe. Ich hätte mich hinstellen und klar sagen müssen, dass er unsere lange Beziehung so nicht beenden kann. Selbst wenn Roland das noch mehr in die Flucht getrieben hätte, so hätte ich signalisiert: ‚Ja, ich gebe dich frei und ich möchte, dass wir in den nächsten Wochen einen gemeinsamen Abschied finden.'" Sabine fühlte sich außerdem beschämt. Ihre Mutter hatte ihr eingebläut: „Auf die Männer ist kein Verlass!" So gerne wollte sie das Gegenteil beweisen!

Sabine und Roland waren damals noch sehr jung und unwissend, was das Gestalten von Beziehungen angeht. Zum Glück hatten sie gute Freunde, die nicht Ratschläge gaben, sondern dafür sorgten, dass die beiden in Kontakt blieben. Zwei Monate *später sahen sie sich bei einer Party wieder. Auf dem Heimweg mit der Straßenbahn kamen sie sich wieder näher. Da war sie wieder, die Seelenverwandtschaft!*

Zufällig landeten sie bei ihrer ersten Paartherapeutin. Sie analysierten ihre Verhaltensmuster und entschieden, ab nun bewusst an ihrer Beziehung dranzubleiben. Und ein paar Monate später beschlossen sie zu heiraten.

Was Sie tun können

⊙ Was oder wen sollten Sie in Ihrem Leben verabschieden, um mehr Platz für Neues zu haben? Das kann sein der Schreibtisch, der schon lange auszumisten ist, die Ahnenbilder im Schlafzimmer, die es endlich zu beseitigen gilt, oder auch Menschen, die zu verabschieden Sie vermieden oder vergessen haben.
Bitten Sie Ihren Partner, Ihnen bei diesen Überlegungen zu helfen. Und bieten Sie ihm diese Hilfe auch umgekehrt an.
Ebenso können Sie gemeinsam durch Ihre Wohnung gehen und überlegen, was es zu entrümpeln gibt, was Sie gerne verabschieden möchten.

⊙ Drücken Sie in den nächsten ein bis zwei Wochen einem besonders lieben Menschen eine Wertschätzung aus, bevor Sie schlafen gehen und das Licht abdrehen. Sagen Sie ihm, was Sie besonders an ihm lieben und schätzen. Zählen Sie fünf Punkte auf, die Sie tagsüber besonders geschätzt haben. Verwenden Sie dafür die Gegenwartsform: „Ich schätze, dass du heute …" Achten Sie darauf, dass das letzte Wort ein positives und liebevolles ist, damit Sie mit diesem Gefühl einschlafen können.

⊙ Haben Sie mit Ihrer jetzigen Partnerin und bzw. oder in einer früheren Beziehung ein Kind verloren, sei es durch Abortus, Abtreibung oder Totgeburt, spüren Sie in sich hinein, ob

Sie wirklich Abschied genommen haben. Wenn nicht, überlegen Sie gemeinsam, welches Ritual Sie machen könnten, um dieses ungeborene Kind in aller Tiefe, Liebe und Wertschätzung zu verabschieden. Dann können Sie entweder einen Abschiedsdialog führen (siehe oben) oder zum Beispiel folgende Abschiedsrituale durchführen:

1. Luftballon: Einen Luftballon mit Helium füllen, diesen mit all den guten Wünschen für dieses Kind beschriften und alle Träume, Visionen und Hoffnungen, die Sie mit dem Kind verbunden haben, aufschreiben. Auf einen erhöhten Ort gehen, zum Beispiel auf einen kleinen Hügel, und den Luftballon gemeinsam wegfliegen lassen, mit der Idee, diese Seele wieder ganz frei zu geben.
2. Schachtel: Suchen Sie Symbole und Gegenstände, die Sie direkt mit diesem Kind verbinden. Das können zum Beispiel sein: ein Ultraschallbild von der Schwangerschaft, Gewand, das Sie für das Kind eingekauft haben, ein Stein, den Sie diesem Kind gewidmet haben, ein Brief etc. Legen Sie diese in die Schachtel. Schließen Sie die Schachtel und finden Sie einen Ort, wo Sie diese gut vergraben können. Die Idee dahinter ist, dass Sie abschließen und das Kind liebevoll verabschieden können, damit sich die Trauer in positive Energie transformiert.

13. KINDER BEKOMMEN, HAUS GEBAUT, BAUM GEPFLANZT – UND NUN?
Eine Paarbeziehung braucht auch eine mittel- und langfristige Vision

„Sag mal", sagt Roland, „ich weiß eigentlich gar nicht, was unser nächstes Ziel sein könnte. Da gibt es doch dieses Sprichwort: Ein Mann sollte ein Haus gebaut, einen Sohn gezeugt und einen Baum gepflanzt haben. Das haben wir alles schon gemacht!"

„Stimmt, wir haben dieses Haus hier saniert, haben drei wunderbare Kinder bekommen. Und einen Baum haben wir auch gepflanzt. Nun, wolltest du nicht einmal ein Buch schreiben?"

„Stimmt, Sabine, als wir die Firma Bösel aufgelöst haben, wollte ich ein Buch darüber schreiben. Aber das Thema passt ja nicht mehr."

„Na, heute hast du doch noch viel mehr zu sagen!"

„Also wenn ich ein Buch schreiben wollte, dann mit dir. Und natürlich sollte es dabei um Beziehungen gehen."

„Glaubst du, dass wir das auch wirklich tun werden?"

„Ich bin ja nicht verrückt! Das ist doch viel zu viel Arbeit, einen Verlag zu suchen, und wer weiß, ob das Thema überhaupt jemanden interessiert."

„Ha! Was erzählst du immer wieder? Was ist dein großer Traum?"

„Ja, du hast Recht: Ein Buch zu schreiben ist wirklich ein großer Traum. Aber dieser Aufwand!"

„Roland, wenn du es dir wirklich zu 100 Prozent wünschst, dann wird der Wunsch auch in Erfüllung gehen."

„Ja, bei dir funktioniert das mit dem Wünschen. Bei mir nicht."

„Ich wette, das funktioniert auch bei dir. Du wirst schon sehen."

„Na gut." Roland schließt die Augen und stellt sich vor, dass ein Verleger auf ihn zukommt und an einem Beziehungsbuch interessiert ist. „Ich glaub nicht, dass wirklich einer kommt!"

„Roland, so wird das nichts werden. Du musst es dir wirklich wünschen und nicht gleich negativ denken. Was glaubst du: Wird ein Mann kommen oder eine Frau?"

„Also gut, ich stelle mir das jetzt wirklich ganz deutlich vor ... Ich glaube, es kommt ein Mann, aber eine Frau ist auch dabei."

Einige Monate später, im Mai, sagt Roland: „Siehst du, Sabine, bei mir funktioniert das mit dem Wünschen wirklich nicht. Kein Verleger ist gekommen!"

„Ach, du wirst schon sehen ..."

Im Oktober kommt Roland eines Vormittags ins Therapiezentrum und wird von einem Herrn bereits erwartet. „Guten Tag, Herr Bösel", sagt er. „Darf ich mich vorstellen? Mein Name ist Scheriau, ich leite den ORAC-Verlag. Ich habe Sie und Ihre Frau bei einem Vortragsabend gehört und war sehr begeistert. Wären Sie daran interessiert, ein Buch zu schreiben?"

Es strebt der Mensch, solang er lebt

Goethe möge es uns nachsehen, dass wir sein Zitat „Es irrt der Mensch, solang er strebt" für uns abgewandelt haben. Doch es gibt genau das wieder, was wir in mehr als 20 Jahren Paarbegleitung beobachten konnten: Solange wir ein Bild von unserer Zukunft haben, eine Vision, solange haben wir eine Basis für unser Leben. Es liegt in unserer Natur, dass wir ein Ziel anstreben wollen. Nur wenn wir wissen, wo es mit uns hingehen kann, haben wir einen Motor, der uns antreibt.

Paare, die keine Vorstellung von der Zukunft haben, sind gefährdet. Sie leben nebeneinander her, trocknen so quasi aus, oder sie streben nach außen und suchen mit einem anderen Partner die gemeinsame Zukunft. Auch unabhängig von der Beziehung brauchen wir eine Vision für unser eigenes Leben, doch wenn es kein Bild für die gemeinsame Zukunft gibt, fehlt eine wichtige Grundlage.

Eine gemeinsame Vision ist nicht nur der Kitt, der beide zusammenhält. Wir haben beobachtet, dass Paare mit einem klaren Zukunftsbild eine ganz tiefe Verbindung und ein besonders starkes Bekenntnis zueinander haben. Daher legen wir es Ihnen ans Herz, dass Sie mit Ihrer Partnerin, Ihrem Partner eine gemeinsame Vision entwickeln. Selbst aus zwei anfangs ganz konträren Bildern kann und soll ein gemeinsames Ziel entstehen.

Wachsen und Lernen sind die Grundlagen des Lebens

Täglich, stündlich, ja in jeder Minute und Sekunde bekommen wir einen Wachstumsreiz. Wir werden ständig angeregt zu lernen, etwas Neues auszuprobieren, das nächste kleine oder große Ziel anzustreben. Etwas zu erreichen macht uns zufrieden und glücklich. Denken Sie an die unendliche Freude eines Babys, das es zum ersten Mal schafft, auf seinen zwei Beinchen zu stehen: Sein Blick ist voll Stolz, Zufriedenheit, Glück und Freude. In diesem Augenblick werden in seinem kleinen Körper viele physiologische Reaktionen ausgelöst und Hormone ausgeschüttet, die das Leben so lebenswert machen.

Wenn wir keine neuen Wachstumsreize bekommen oder sie uns selbst verwehren, verlieren wir unsere Vitalität und unsere Lust am Leben. Eine Beziehung wird genährt von den Wachstumsreizen beider Partner – denn was hilft es, wenn nur einer sich weiterentwickelt, während der andere sich zurückzieht? Ohne diesen Motor suchen wir nach Ersatzbefriedigungen. Drogen, übermäßiges Arbeiten, Fernsehsucht, übermäßiges Essen, Geld und Statussymbole – all das spendet uns Trost und bekommt zu viel Bedeutung. Es liegt auf der Hand, dass das alles auf Dauer krank macht. Zu viel fernzusehen oder zu viel zu essen ist eben nur ein Ersatz für das, was wir von Natur aus wollen: zu wachsen und zu lernen bis ins hohe Alter.

In unseren Imago-Paarworkshops beobachten wir dieses Lernen-Wollen sehr deutlich. Paare kommen verunsichert, bedrückt, ängstlich oder aufgeregt und sagen: „So ein Seminar habe ich noch nie besucht. Ich kenne mich mit der Psychologie nicht aus, aber ich will uns doch eine Chance geben." Genau das ist entscheidend; mit dieser Chance sorgen sie für einen Wachstumsreiz. Unser Job ist es, im Workshop die nötige Sicherheit zu schaffen, damit sie sich dem auch stellen und Neues ausprobieren können bzw. bisher noch nie Gesagtes auszusprechen wagen. Und schon am nächsten Tag erkennen wir an den aufgeweckten Gesichtern, dass sich bereits etwas entwickelt hat. Das Tolle daran: Das sind nicht wir als Workshop-Leiter, sondern es sind die Menschen selbst, die für ihr Glück sorgen.

Wie finde ich meine Paarvision?

Im Grunde genommen ist es ganz einfach: zwei Stühle, zwei Menschen, die eine gemeinsame Geschichte verbindet, ungeteilte Aufmerksamkeit und das Erzählen dessen, was der größte Traum mit dem Partner ist. Skizzieren Sie das Bild von Ihrer gemeinsamen Zukunft möglichst im Detail. An welchem Ort sind Sie, wie sieht es dort aus, wer ist dabei, was ist zu hören, was macht Ihre Partnerin, was machen Sie selbst? Wichtig ist, die negativen Ideen, warum etwas nicht gelingen könnte, beiseite zu stellen; auch die Sorge, weil Sie beide ganz verschiedene Visionen haben, lassen Sie einfach einmal unberücksichtigt.

Katharina und Peter haben mit unserer Begleitung ihre Vision gefunden, auch wenn es anfangs gar nicht nach Gemeinsamkeit ausgesehen hatte. Katharina hatte die Vision, eine Berufsausbildung im Ausland zu machen. Peter wollte eine Familie gründen und Kinder bekommen. Zwei Vorstellungen, die eigentlich nicht zusammenpassen. Gemeinsam betrachteten sie die Hintergründe. Peters Elternhaus war geprägt von einem sehr starken Familienleben, Berufsausbildung war hingegen nicht so sehr das Thema. Es war wichtig, einen Beruf zu erlernen und einen sicheren Job zu finden, doch einen zweiten Bildungsweg einzuschlagen, war nicht von Bedeutung. Anders bei Katharina: Ihre Mutter wollte so gerne Schauspielerin werden, doch dann kam Katharina zur Welt und die Mutter gab ihren Traum auf. Katharina wollte es besser machen, sie wollte ihren Traumberuf erreichen. Doch Kinder wollte sie auch bekommen.

In den folgenden Sitzungen drehte sich alles um die beiden Familiengeschichten und weniger um die Paarvision selbst. Katharina lernte, sich aus dem Vorbild ihrer Mutter herauszulösen und ein eigenes Lebenskonzept zu finden. Peter erkannte versteckte Hürden, die ihm die berufliche Entwicklung so schwer machten. Eines Tages sagte Katharina schließlich: „Warum muss ich mich eigentlich zwischen Beruf und Kind entscheiden? Bitte, Peter, hilf mir, ich möchte beides vereinen!" Peter war glücklich, denn auch er war zu der Überzeugung gelangt, dass es kein Entweder-Oder sein muss, sondern dass beides möglich sein könnte. Nun konnten sie gemeinsam ganz detailliert an ihrer gemeinsamen Vision arbeiten.

Scheinbar Gegensätzliches kann in ein gemeinsames Bild passen, wenn man die Hintergründe näher betrachtet und an ihnen lernt. Katharina und Peter haben durch ihren Wunsch, eine gemeinsame Vision zu entwickeln, sicher viel mehr gewonnen: Sie haben alte Muster und alte Glaubenssätze aufgelöst und sich dadurch frei gemacht für eine eigene Lebensgestaltung.

Die Energie folgt der Aufmerksamkeit

Dort, wo wir unsere Aufmerksamkeit hinlenken, entsteht Energie. Wir hatten einmal Jutta und Erwin in unserer Praxis, Jutta sprach ständig davon, dass er sie sicher bald verlassen und betrügen würde. Erwin konnte noch so oft beteuern, dass das für ihn kein Thema sei, es half nicht. Das Misstrauen seiner Frau verletzte ihn und er fühlte sich durch ihre Anschuldigungen immer mehr in die Enge getrieben. Bis er eines Tages tatsächlich eine Affäre hatte. „Damit du endlich Ruhe gibst. Ich habe jetzt eine andere Frau, die mich liebt und die mir vertraut und die mich nicht ständig mit diesen Vorwürfen quält", sagte er in einem Streitgespräch.

Das ist ein typisches Beispiel für ein Paar, das kein positives Ziel für die Partnerschaft hatte, sondern ein negatives, von Jutta formuliert: Du wirst mich sicher verlassen. Doch auch Erwin hat zu ihrem Unglück beigetragen. Er blieb in der Defensive, anstatt seine positive Vision zu formulieren, sie mit Jutta gemeinsam weiterzuentwickeln und Realität werden zu lassen.

Lenken Sie also bitte Ihre Energie und Aufmerksamkeit auf das, was Sie wollen, und nicht auf das, was Sie nicht wollen. Verschiedene Studien beweisen, dass wir unser Gehirn verwirren, wenn wir das Wort „nicht" oder „kein" verwenden. Wenn Sie zum Beispiel sagen „ich will in Zukunft nicht mehr streiten", dann besteht die Gefahr, dass im Hirn nur „streiten" hängen bleibt. Die Energie und unsere Aufmerksamkeit haben dieses Wort im Fokus! Besser ist es, dieses Nicht-streiten-Wollen positiv zu umschreiben: „Ich möchte in Zukunft liebevoll und wertschätzend mit dir reden und unsere Themen konstruktiv besprechen."

Es ist so wichtig zu wissen, was man wirklich zu 100 Prozent haben will, auch wenn am Anfang die Vision noch sehr unklar ist und sich beim Austausch scheinbare Ungereimtheiten ergeben. Es zahlt sich aus, im Dialog zu bleiben, bis Sie Ihr gemeinsames Bild genau und konkret beschrieben haben und Sie beide absolut davon überzeugt sind. Je überzeugter Sie beide sind, desto wahrscheinlicher wird die Vision auch Realität werden.

Geben Sie Ihrem Gehirn und Ihren Sinnesorganen auch die Gelegenheit, nicht nur das Bild in allen Nuancen wahrzunehmen, sondern auch all das, was Ihnen auf dem Weg hilfreich sein kann. Eine chassidische Weisheit sagt: „Die Welt ist voller

Wunder, doch der Mensch verdeckt sie mit seiner kleinen Hand." Genauso ist es oft, wir übersehen Gelegenheiten und Möglichkeiten am Wegrand, weil wir nicht gut genug hinsehen.

Anna erzählte uns, dass sie sich vor einigen Jahren gewünscht hat, endlich einen Mann zu finden, der zu ihr passt. Sie stellte ihn sich ganz genau vor, wie er aussehen, welche Vorlieben er haben sollte – doch er tauchte einfach nicht auf! Eines Tages saß sie beim Mittagessen neben einem langjährigen Arbeitskollegen und es entwickelte sich ein sehr nettes Gespräch. Sie flirteten sogar miteinander und noch am selben Tag verabredeten sie sich zu einem Date. Anna ist auch heute noch mit ihrem Julian zusammen und immer wieder schmunzeln sie, wenn sie daran denken, dass sie drei Jahre lang im selben Raum gearbeitet hatten, ohne einander wahrgenommen zu haben, obwohl sie beide auf Partnersuche waren!

Hindernisse

Roswitha hatte eine ganz klare Vision davon, wie ihr späterer Mann aussehen sollte: blond, langes Haar, schlank, groß. Doch dieser Mann wollte nicht und nicht kommen. Das war in einer Zeit, als Roswitha beruflich sehr eingespannt war. Gemeinsam mit ihrem Bruder leitete sie den Familienbetrieb. Beide waren in diesem Beruf nicht glücklich, doch beide hatten das Gefühl, aus Loyalität zueinander weitermachen zu müssen. Irgendwann entschloss sich der Bruder, die Firma doch zu schließen, und als er seine Schwester damit konfrontierte, war sie erleichtert, weil nun eine große Last von ihren Schultern fiel.

An dem Tag, an dem der Vertrag über den Firmenverkauf unterschrieben wurde, war Roswitha zu einer Hochzeit in der Schweiz eingeladen. Dort traf sie Stefan, den Bruder des Bräutigams, und der war genau der Mann, von dem sie immer geträumt hatte. Groß, schlank, blond – nur langes Haar hatte er nicht. Die beiden wurden trotzdem ein Paar. Erst ein paar Monate später stellte sich heraus: Zu dem Zeitpunkt, als Roswitha sich ihren Traummann visualisierte, und das war fünf Jahre zuvor, hatte Stefan langes Haar! Wir überlassen es Ihnen, dies näher zu interpretieren. Wir denken, Roswitha war zu der Zeit noch nicht ganz frei für diese Beziehung, sie musste sich erst von den familiären Verpflichtungen verabschieden.

Sagen Sie nun bitte nicht zu Ihrer Freundin, sie würde nur nicht fest genug an ihren Traum glauben oder sie wäre einfach noch nicht so weit, wenn der Wunsch sich nicht einstellen will. So etwas ist schnell ausgesprochen, doch das hilft niemandem weiter, im Gegenteil, es frustriert diese Person nur noch mehr.

Wie viel Glück dürfen Sie haben?

Wir Menschen schränken uns gerne selbst ein – oft aus Angst vor Neid oder Missgunst oder weil es uns einfach nicht besser gehen darf als den Eltern. Auch Nelson Mandela sprach in seiner Antrittsrede als Präsident von Südafrika, dass wir viel mehr Angst vor unserer Größe hätten als vor unserer Unzulänglichkeit. Doch „dich selbst klein zu halten, dient nicht der Welt", sagte er weiter. Nur wenn wir uns erlauben, unsere ganze Größe zu leben, erlauben wir auch anderen Menschen, Gleiches zu tun.

Möglicherweise melden sich Stimmen in Ihnen, die Sie klein halten wollen. Oft werden einem belastende Glaubenssätze schon als Kind eingetrichtert: „Hochmut kommt vor dem Fall." Vielleicht haben Sie Träume und schämen sich gleichzeitig dafür, weil Ihnen so viel Glück doch gar nicht zusteht: „Bescheidenheit ist eine Zier." Denken Sie an das, was Nelson Mandela sagte: Wenn Sie sich Ihre Größe nicht zugestehen und sich daher Ihre eigenen Träume nicht erfüllen, dann hindern Sie auch Ihre Partnerin, Ihren Partner daran, das größtmögliche Glück zu leben. Geben Sie sich die Chance, gemeinsam diese inneren Schranken zu durchbrechen.

Vertrauen statt verkrampfen

Christina und Hannes versuchten seit Längerem, ein Baby zu bekommen, doch es wollte nicht klappen. Sie hatten schon viel probiert und auch ärztlichen Rat eingeholt. Beide wurden immer verkrampfter und das Vertrauen in ihren Körper und ihre Beziehung verließ sie zunehmend. Immer öfter machten sie sich gegenseitig Vorwürfe, und so nahmen sie an unserem Imago-Paarworkshop teil. Als auch eine In-vitro-Fertilisation fehlschlug, beschlossen sie, sich von ihrem Kinderwunsch zu verabschieden. Mit unserer Begleitung trennten sie sich unter vielen Tränen von der Vision, eine Zukunft mit Kindern zu haben. Dann wandten sie sich einem anderen großen Projekt zu: ihr gemeinsam geführtes Blumengeschäft an einen neuen, besseren Standort zu verlegen.

Auch wenn die Trauer sehr groß war, durch den klaren Abschied konnten sich die beiden entkrampfen. Außerdem passierte in Christinas Familie etwas, das ihnen beiden eine große Portion Erwartungsdruck von den Schultern nahm: Christinas Schwester wurde schwanger – das erste heiß ersehnte Enkelkind für Christinas Eltern war gekommen! Christina hatte die ganze Verantwortung für ein Enkelkind auf sich gespürt, weil ihre Geschwister entweder keine Kinder haben wollten oder konnten. Und so war der Bann gebrochen: Zwei Jahre später erhielten wir einen Anruf, Christina sei bereits im sechsten Monat schwanger und sie seien überglücklich.

Natürlich können Sie jetzt sagen, wenn wir Sex haben, dann wird irgendwann bestimmt ein Baby gezeugt – sofern alle biologischen Voraussetzungen gegeben sind. Sich zu verkrampfen ist jedoch oft das größere Hindernis auf dem Weg dorthin. Wir brauchen auch Vertrauen und Entspannung, damit wir unsere Visionen wahr werden lassen können.

Worum es wirklich ging

Sabine hat einmal vor vielen Jahren das Buch „Bestellungen beim Universum" gelesen. Anfänglich war sie skeptisch, doch dann beschloss sie, das einmal auszuprobieren.

„Nach dem Motto ‚nutzt es nichts, so schadet es nichts' versuchte ich es mit kleinen Wünschen und bestellte mir einen Parkplatz und andere kleine Dinge. Es funktionierte! Doch ich war vorsichtig, denn ich wollte mir auch nicht meinen guten Ruf als seriöse Therapeutin ruinieren. Und so erzählte ich niemandem etwas, sondern freute mich nur, dass diese Wunschbestellungen so gut klappten."

Roland war natürlich eingeweiht, doch er kam zu der Überzeugung: Bei Sabine geht das, bei mir funktioniert es nicht. „Als Sabine mich an meinen Wunsch, ein Buch zu schreiben, erinnerte, wollte ich mir das einfach nicht als Vision vorstellen. In Wahrheit stand natürlich eine ganz andere Selbstbeschränkung dahinter. Wie sollst du jemals ein Buch schreiben, wo du doch so schlechte Deutschnoten hattest?

Doch irgendwann habe ich dann doch Sabines Rat befolgt. Ich visualisierte meine Idee. Und tatsächlich kam Herr Scheriau auf uns zu. Außerdem führten wir Gespräche mit Frau Pucher, die uns schon früher so kompetent bei unseren Schreibprojekten begleitet hatte. Wir wussten, dass wir ein gutes Team sind, konnten somit Herrn Scheriau zusagen – und hier ist es, unser Buch!

Natürlich kann man sagen, es wäre doch logisch, dass früher oder später ein Verlag auf uns aufmerksam würde, wo wir doch in den letzten Jahren recht oft in den Medien waren. Doch ich bin überzeugt, dass es letztlich das Beseitigen meiner Selbstbeschränkung war und auch das Überwinden meiner Ängste, dass uns Menschen unseren Erfolg neiden würden. Dieses Verabschieden der Angst erlaubte es uns schließlich auch, von uns persönlich zu erzählen und als Beispiel zu dienen. Wir möchten Sie, liebe Leserin und lieber Leser, damit motivieren dranzubleiben. Finden Sie eine gemeinsame Vision und leben Sie Ihren Paartraum!"

Was Sie tun können

Für alle folgenden Ideen und Fragen ist es gut, wenn Sie sich zuerst alleine Zeit nehmen – und sich erst später mit Ihrer Partnerin, Ihrem Partner austauschen.

⊖ Was ist Ihre positive Vision zu Ihrer Paarbeziehung – wie leben Sie Ihre Paarbeziehung in fünf Jahren? Stellen Sie sich genau vor, wie Sie und Ihr Partner in fünf Jahren leben. Wo leben Sie? Was machen Sie? Wer lebt mit Ihnen zusammen? Was machen Sie beruflich? Haben Sie Kinder? Wie leben Sie Ihre Sexualität?

⊖ Welche bewussten und unbewussten Träume hatten Sie in Ihrer Paarbeziehung schon und welche sind auch eingetreten? Wenn Visionen bereits wahr wurden: Überlegen Sie genau, was Sie dazu beigetragen haben, damit sie Wirklichkeit werden konnten. Bei der Auseinandersetzung mit Ihrem aktuellen Traum vergegenwärtigen Sie sich, dass einige Ihrer Visionen bereits wahr wurden. Nehmen Sie sie als Unterstützung für Ihre aktuelle Vision.

⊖ Wie viel Glück ist erlaubt? Versuchen Sie ein ehrliches Gedankenspiel: Kennen Sie Paare, denen Sie ihr Glück neiden? Wie viel von deren Glück ist für Sie erlaubt? Die lieben Kinder schon, doch dass sie auch noch beruflich erfolgreich sind und sich einen Porsche leisten können, ist zu viel? Erspüren Sie, wo für Sie die Grenze ist – das ist die Grenze, mit der Sie sich auch selbst beschränken!

⊖ Gibt es Menschen, von denen Sie meinen, sie leben genau so, wie Sie gerne leben möchten? Nehmen Sie diese Person, diese Lebenskünstlerin als Vorbild und überlegen Sie, was Sie sich von dieser Person abschauen können, um Ihre eigene Vision und Ihren eigenen Traum zu verwirklichen.

◉ Probieren Sie Neues, scheinbar Unlogisches. Wenn Sie zum Beispiel Ihren üblichen Weg vom Arbeitsplatz nach Hause gehen, nehmen Sie einmal einen neuen Weg, eine neue Route, die Sie noch nie gegangen sind. Wenn Sie in der Früh Zähne putzen, versuchen Sie dabei auf einem Bein zu stehen. Wenn Sie gewohnt sind, Ihre Sexualität im Schlafzimmer zu leben, laden Sie Ihre Partnerin dazu ein, sich einmal im Wohnzimmer zu lieben.

Wenn Sie diese neuen Wege gehen, seien Sie offen für kleine Geschenke und Überraschungen. Ein alternativer Weg zur Arbeit kann Sie vielleicht an einem Geschäft vorbeiführen, in dem Sie endlich das finden, wonach Sie schon so lange gesucht haben.

DANKE

Unseren Eltern danken wir für ihre Liebe, ihre Großzügigkeit und all das, was sie uns für unser Leben mitgegeben haben, sodass wir an ihnen lernen und wachsen konnten und zu dem wurden, was wir heute sind: glückliche und zufriedene Menschen. Vielen Dank unseren Geschwistern, die uns in unserem Leben immer wieder Halt gegeben haben.

Ein besonderer Dank gilt unseren Kindern Florian, Markus und Clara, die uns seit vielen Jahren ihr Vertrauen und ihre Liebe schenken, die uns auch in schwierigen Zeiten ausgehalten und uns viel gelehrt haben.

Wir danken unseren lieben Freundinnen und Freunden, die uns Halt und Unterstützung gegeben haben und immer an unserer Seite waren, auch in der aufregenden Zeit, in der wir dieses Buch geschrieben haben.

Von unseren Wegbegleitern ist es uns ein besonderes Bedürfnis, uns bei Herrn Dr. Zeiler für seine Liebe und Kompetenz zu bedanken. Das gilt auch für Hedy und Yumi Schleifer, die das Fundament unserer heutigen Arbeit als Imago-Therapeuten sind.

Unseren Mitarbeiterinnen und Mitarbeitern gebührt eine große Wertschätzung, dass sie uns so gut halten und aushalten: besonders Verena Moispointner für ihre liebevolle und professionelle Unterstützung und Susanne Seper, die uns als Sekretärin für dieses Buch zur Seite stand.

Ein großer Dank gilt auch Daniela Pucher. Dieses Buch konnte erst durch die kompetente Zusammenarbeit in dieser Dimension und Bedeutung entstehen. Wir freuen uns schon auf weitere Buchprojekte.

Nicht zuletzt danken wir Martin Scheriau und Barbara Köszegi vom ORAC-Verlag für die Anregung zu diesem Buch und für die vielen Ermutigungen, um dranzubleiben.

www.kremayr-scheriau.at

ISBN 978-3-7015-0529-6
Copyright © 2010 by Orac/Verlag Kremayr & Scheriau KG, Wien
Alle Rechte vorbehalten
Schutzumschlaggestaltung: Kurt Hamtil
unter Verwendung einer Illustration von bcom Werbe Ges.m.b.H.
Grafische Gestaltung und Satz: Kurt Hamtil
Lektorat: Doris Schwarzer
Druck und Bindung: Druckerei Theiss GmbH, St. Stefan i. Lavanttal